2018 年度四川省重点出版专项资金补助项目

高速铁路隧道救援站
火灾烟气控制理论及应用

朱 颖 赵东平 毕海权 编 著

西南交通大学出版社
·成 都·

图书在版编目（ＣＩＰ）数据

高速铁路隧道救援站火灾烟气控制理论及应用／朱颖，赵东平，毕海权编著. —成都：西南交通大学出版社，2018.11
ISBN 978-7-5643-6532-5

Ⅰ. ①高… Ⅱ. ①朱… ②赵… ③毕… Ⅲ. ①高速铁路 – 铁路隧道 – 火灾 – 烟气控制 Ⅳ. ①U458

中国版本图书馆 CIP 数据核字（2018）第 242198 号

高速铁路隧道救援站火灾烟气控制理论及应用

朱　颖
赵东平　　编著
毕海权

责任编辑　姜锡伟
封面设计　何东琳设计工作室

印张　9.25　字数　200千	出版发行	西南交通大学出版社
成品尺寸　170 mm×230 mm	网址	http://www.xnjdcbs.com
版次　2018年11月第1版	地址	四川省成都市二环路北一段111号 西南交通大学创新大厦21楼
印次　2018年11月第1次	邮政编码	610031
印刷　成都蜀通印务有限责任公司	发行部电话	028-87600564　028-87600533
书号　ISBN 978-7-5643-6532-5	定价	66.00元

图书如有印装质量问题　本社负责退换
版权所有　盗版必究　举报电话：028-87600562

前言

火灾对于高速铁路安全运行具有重要影响，特别是含救援站的特长铁路隧道，一旦发生火灾，将造成不可估量的损失。因此，隧道火灾条件下的烟气控制及人员安全疏散是高速铁路设计、建设和运营必须解决的关键问题。

本书绪论部分叙述了我国铁路隧道发展情况以及铁路隧道火灾研究现状，对国内外铁路隧道火灾进行了统计，从而分析出铁路隧道火灾的起因和发展特性，同时重点介绍了在隧道火灾疏散中发挥重要作用的铁路隧道救援站，对铁路隧道火灾疏散研究现状进行了归纳。第二章介绍了高速铁路隧道火灾燃烧的基础与燃烧过程中的特殊现象，以及各种可燃物的燃烧过程对列车人员的危害，使读者对高速铁路隧道火灾有一个全面的理解。第三章的重点在于火灾烟气。燃烧过程会产生大量高温有毒的烟气，直接或间接地导致人员伤亡，由于在疏散过程中烟气对人员危害甚至大于燃烧本身，研究烟气流动特性就十分重要了。该章详细介绍了火灾烟气的组成成分及其危害性，基于高速铁路隧道火灾燃烧基础，参考隧道火灾烟气流动扩散原理和相关烟气流动数值计算方法，建立了救援站火灾烟气流动数值计算模型，分析了高速铁路隧道火灾烟气流动特性。第四章则研究了高速铁路隧道救援站烟气流动的控制，首先介绍了救援站常用的排烟方法，再利用仿真模型模拟在静止与继续运行两种状态下，不同的列车停靠位置对于烟气流动的影响。第五章则利用仿真模型研究了隧道各参数对于人员疏散的影响，从而锁定重要的安全疏散影响因素。

全书由朱颖、赵东平、毕海权编著，张开冉、雷毅成统稿。本书可供科研及工程技术人员应用参考。

编著者
2018 年 10 月

目 录

第 1 章 绪 论 ··· 1
1.1 我国铁路隧道发展概况 ·· 1
1.2 铁路隧道火灾 ·· 2
1.3 铁路隧道火灾疏散救援 ·· 4
1.4 铁路隧道救援站 ·· 5
1.5 铁路隧道火灾研究现状 ·· 9
1.6 本书主要内容 ·· 16

第 2 章 高速铁路隧道火灾燃烧基础 ······································ 17
2.1 火灾燃烧基础 ·· 17
2.2 隧道火灾燃烧的特殊现象 ·· 21
2.3 铁路隧道可燃物及其危害特性 ·································· 27

第 3 章 高速铁路隧道救援站烟气流动与计算 ·························· 33
3.1 隧道火灾烟气性质 ··· 33
3.2 隧道火灾烟气流动扩散原理 ····································· 38
3.3 救援站火灾烟气流动数值计算方法 ···························· 42
3.4 救援站火灾烟气流动数值计算软件 ···························· 48
3.5 救援站火灾烟气流动数值计算模型 ···························· 49

第 4 章 高速铁路隧道救援站烟气流动与控制 ·························· 63
4.1 救援站火灾烟气控制方法 ·· 63

4.2 列车静止救援站火灾烟气控制计算结果 ································ 66
   4.3 着火列车继续运行对烟气分布的影响 ································ 83

第 5 章　高速铁路隧道救援站人员安全疏散 ································ 101
   5.1 救援站人员疏散策略 ·· 101
   5.2 安全疏散准则及判定指标 ·· 101
   5.3 人员疏散数值模拟方法 ··· 104
   5.4 安全疏散影响因素 ·· 109

参考文献 ··· 135

第 1 章 绪 论

1.1 我国铁路隧道发展概况

高速铁路建设起于 1964 年。自日本建成时速 210 km 的东海道新干线以来，世界客运铁路开始向高速化发展。近些年，日本新干线、法国 TGV、德国 ICE 和意大利 ETR 是世界高速铁路发展的先锋，法国 TGV 于 2007 年 4 次创下了 574.8 km/h 的世界最高速度试验记录。

我国高速铁路起步较晚，但发展迅速，其发展过程可以划分成两个阶段：第一阶段，1990 年至 2007 年，这一阶段经历了全国铁路五次大提速，并完成了对德、日、法高速动车组技术的引进、消化和吸收；第二阶段，2008 年至今，以"中国高速列车自主创新联合行动计划"的启动实施为契机，标志着高速铁路产业进入自主创新的阶段。2008 年 8 月 1 日我国第一条时速 350 km 的京津城际高速铁路开通运营，标志着我国正式进入高速铁路时代。我国先后规划了"四纵四横"的客运专线和三大区域的城际快速客运系统，贯通了哈尔滨至北京至香港（澳门）、连云港至乌鲁木齐、上海至昆明、广州至昆明高速铁路通道，规划了北京至台北、呼和浩特至南宁、北京至昆明、宁夏银川至海口、青岛至银川、兰州至广州、北京至兰州、重庆至厦门等高速铁路通道，拓展了区域连接线。目前，我国高速铁路营业里程达到 3 万千米，覆盖了 80%以上的大城市。

我国是一个多山的国家，山区面积约占全国总面积的 2/3，随着铁路建设的开展，铁路隧道的建设也大规模展开。截至 2017 年年底，中国已投入运营的特长铁路隧道共 132 座，总长度为

1 812 km。其中，长度在 20 km 以上的特长隧道 9 座，累计长度 219 km[1]。预计到 2020 年，我国建成的铁路隧道总长度将达到 20 000 km，长度超过 10 km 的特长铁路隧道总数量将超过 200 座，总长度将超过 3 000 km[2]。

1.2 铁路隧道火灾

长大铁路隧道在运营过程中，其安全性备受关注，尤以火灾问题最为常见与突出。隧道火灾危害严重、救援困难、社会影响大，因此，预防控制火灾，保证铁路隧道稳定、安全地运行是整个铁路交通系统运行的重要环节。

1.2.1 铁路隧道火灾起因

铁路隧道火灾起因主要包括以下两个方面：
（1）旅客列车在隧道中的各种意外着火事故。
（2）货物列车和油罐列车在隧道内发生的火灾。

这两方面中以旅客列车在隧道中的各种意外着火事故对旅客生命财产安全产生的危害最大，也是近些年国家关注的焦点。表 1-1 为国内外铁路隧道发生火灾的统计情况[3]。

表 1-1 国内外铁路隧道火灾统计情况

发生时间	隧道名称	事故伤亡情况/人	事故原因	消防救援方式
1972 年 11 月	日本北陆隧道	伤 714，死 30	餐车电采暖接线不良，前后车厢与着火餐车连接致使火灾蔓延	前后车厢与着火餐车分离，切断电源
1976 年 3 月	我国丰沙线旧窝庄东 46# 隧道	无	线路水平超限，列车脱轨摩擦起火	甩掉着火车，在洞外控制火势，减少事故伤亡

续表

发生时间	隧道名称	事故伤亡情况/人	事故原因	消防救援方式
1976年10月	我国宝成线白水江140#隧道	死75,重伤8	超速制动过猛,油管破裂起火燃烧	沙袋封堵、洞口注水
1987年8月	我国陇海线兰州十里山2#隧道	死2,直接经济损失117万元人民币	线路与钢轨断裂,脱轨后撞击起火	定向爆破23万立方米,封闭洞口注水28万立方米
1987年11月	美国斯普罗乌尔隧道	直接损失25.5万元人民币	附近燃烧的树叶被列车风卷进隧道引燃隧道木护板	用土封堵隧道两洞口,并注水16万立方米
1990年7月	我国湘渝线梨子园隧道	死4,伤14	接触网悬挂点绝缘子表面放电引燃汽油团爆炸	平板车架沙袋封堵洞口,并注水16万立方米
1991年7月	我国京广线大瑶山隧道	死12,伤20	17#车旅客吸烟起火	列车自带灭火器救火
1992年9月	我国青藏线岳家村18#隧道	直接损失132.6万元人民币	雨后路基不均匀下沉,列车脱轨撞击起火	平板车加沙袋封堵洞口,注水
1993年6月	我国西延线蔺家川隧道	死8,伤10	减速制动摩擦产生火星引燃外溢原油,油气爆炸	沙袋封堵洞口,注水
2000年11月	奥地利基茨施坦霍恩山隧道	死155,伤18	列车电暖空调过热,使保护装置失灵	自然灭火
2015年12月	日本北海道隧道	无	电线短路	—

1.2.2 铁路隧道火灾特点

铁路隧道结构形式(狭长受限空间)以及空间位置(多处于山区、地下或水下)等的特殊性,使得其发生火灾时极易造成人员伤亡。隧道火灾的主要特点如下:

(1)产生大量有毒有害烟气。

火灾产生的有毒有害烟气是造成火灾中人员伤亡的主要原因[4]。旅客列车内部通常由复杂的可燃材料组成,列车车厢内部的装饰含有大量的塑料、橡胶、布料以及乘客行李等可燃材料,加之铁路隧道是空间狭长的受限空间，隧道内空气供给不足，因此隧道起火时会造成可燃物严重地不充分燃烧，从而产生高温有毒烟气，造成人员伤亡。

（2）持续释放的高温烟气不易排放。

受隧道几何结构的影响，火灾产生的热量不易排除，热量积累导致隧道内烟气温度持续升高，尤其近火源场附近，一般 3~5 min 可使隧道内的温度升至 1 000 ℃，这不仅对受灾人员生命安全产生伤害，还可能对隧道结构的稳定性和完整性构成严重的威胁。

（3）人员疏散困难。

大多数隧道除两个端部出口之外无其他出口，一些特长隧道在内部设置有救援站或避难所，虽然在一定程度上保证了人员疏散的安全性，但火灾燃烧时如通风不畅，也易造成隧道内供氧不足；伴随燃烧产生的大量高温有毒有害烟气，在浮升力作用下沿隧道传播，影响人员疏散安全。同时，大量烟气会降低隧道内的能见度，不利于人观察火势及逃生路径，易使受灾人员摔倒、产生恐慌心理。

（4）火灾报警及救援难度大。

隧道内列车发生火灾时，列车通常处于运动状态，着火列车继续运动使得隧道内报警装置不易探测到高温烟气，给火灾的探测与预警工作带来了挑战。当隧道内的火势快速发展时，还可能会导致通信设施失效，延误烟雾报警时间。同时，隧道内空间狭小，不宜开展救援，不能保证在有效时间内投入最大的人力物力进行救援，从而失去灭火和救援的最佳时机。

1.3 铁路隧道火灾疏散救援

高速铁路隧道救援是指在紧急情况下确保人员安全疏散而进行的工作。隧道内发生火灾后，救援人员必须尽快疏散旅客，最大限度地减轻损失。

我国《铁路隧道防灾疏散救援工程设计规范》（TB 10020—2017）[5]中规定：列车在隧道内发生火灾时，应控制列车驶出隧道进行疏散；当列车不能驶出隧道时，应控制列车停靠在紧急救援站进行疏散和救援。具体疏散逻辑流程如图 1-1 所示。

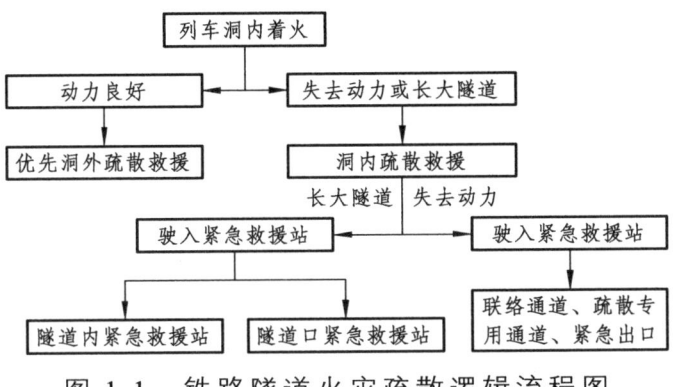

图 1-1　铁路隧道火灾疏散逻辑流程图

1.4　铁路隧道救援站

救援站是设置在特长隧道内、在发生列车灾害事故的情况下能将人员快速疏散到安全区域并能自救或通过救援到达洞外的站点。救援站按布置位置可分为隧道内救援站、隧道口救援站两类。隧道内救援站是设置在隧道内部，供火灾列车停靠，能够满足人员从火灾列车疏散到安全区域且能救援到隧道外的站点；隧道口救援站是设置在隧道群明线及洞口段，供火灾列车停靠，能够满足人员从火灾列车疏散到安全区域的站点[6]。

多项研究表明，在特长铁路隧道内设置救援站可以极大地降低列车在特长铁路隧道内发生火灾后的危险，提高人员疏散安全[7]。

1.4.1　救援站主要结构形式

目前，特长铁路隧道内救援站主有内侧式和外侧式两种结构形式[8]。

1.4.1.1 内侧式救援站

内侧式救援站一般用于双洞单线隧道，两条隧道互为救援隧道，站台设置在靠近另一隧道一侧，当其中一条隧道内有列车着火时，另一隧道即为救援隧道，如图 1-2 所示。双线特长隧道平面设计中，宜采用双洞单线方案。当事故列车在救援站内停稳后，车厢内人员离车后，通过站台进入横通道到达另一条隧道的站台上，等待救援，或待在避难硐室内等待救援。

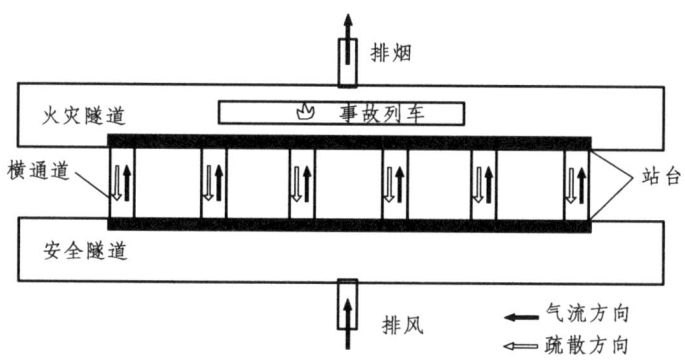

图 1-2　内侧式救援站

1.4.1.2 外侧式救援站

外侧式救援站既可用于双洞单线隧道也可用于单洞双线隧道，是指将站台设置于两线路外侧，然后在站台外侧分别设置人员疏散通道和救援隧道的设置方式，如图 1-3 所示。当事故列车在救援站内停稳后，车厢内人员离车后，通过站台进入疏散通道到达救援隧道，等待救援。

两种形式的救援站都能达到控制火灾烟气、疏散人员的目的，区别在于：内侧式救援站结构紧凑、经济适用，但因两条隧道互为救援通道，一旦发生险情两条隧道都受影响而无法正常运转；而外侧式救援站功能更加齐全，两隧道各有救援通道，互不影响，但需更多投资。两种站台形式在通风方案上的区别主要在于横通道内风速的产生方式，主隧道的通风方式是相同的。究竟采用哪一种形式的救援站更合理，需要根据具体隧道形式、周围环境、土建费用、救援方案等因素经过深入研究、详细技术和经济对比后才能确定。

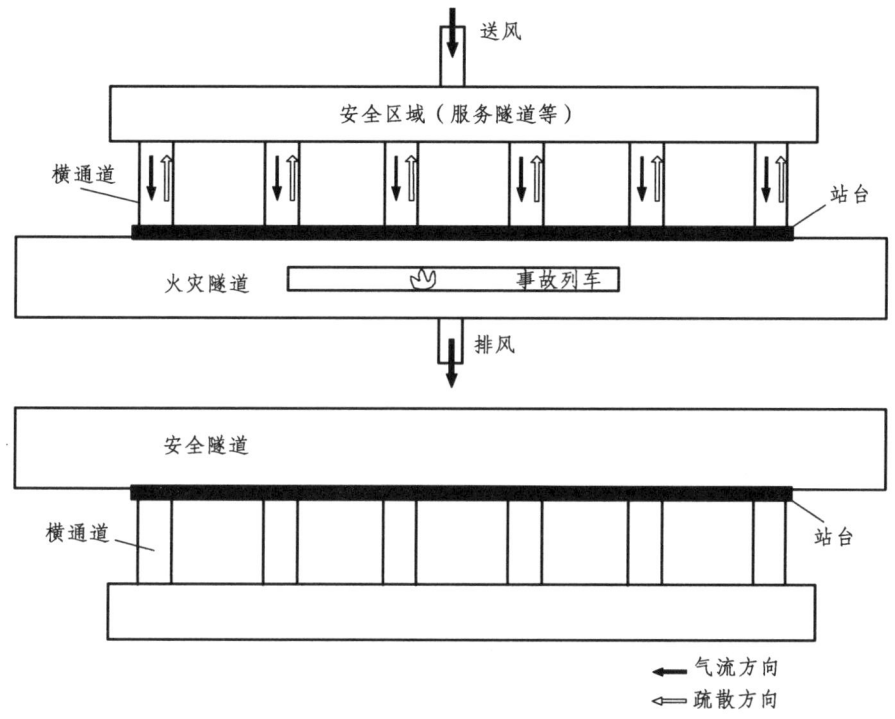

图 1-3 外侧式救援站

1.4.2 横通道形式

紧急救援站横通道的形式主要有两种：
（1）横通道中设计有避难室，如图 1-4 所示。
（2）横通道中未设计避难室，如图 1-5 所示。

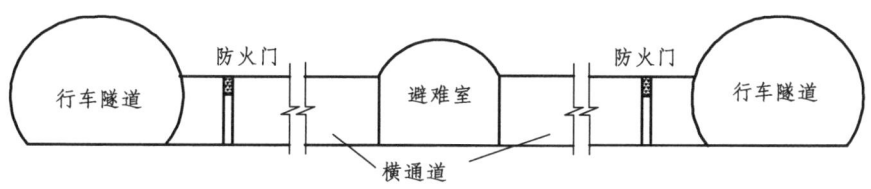

图 1-4 设计有避难室的横通道

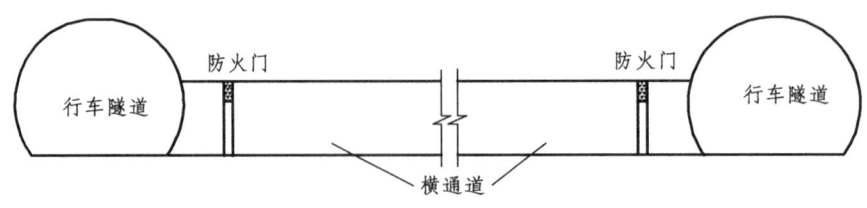

图 1-5 无避难室的横通道

1.4.3 设备设施

救援站设置与主隧道平行的人员避难通道，主隧道和人员避难通道间每隔一定距离设置疏散通道，方便人员撤离；在救援站内设报警、紧急供电和照明设施以及引导乘客避难、救援、灭火、通风排烟等设施。

1.4.4 设计原则

紧急救援站作为隧道内紧急状况下人员疏散和救援的特殊结构，一般要满足以下基本要求：
（1）安全的疏散通道及明显的疏散指示。
（2）安全的等待区域。此区域内应能容纳足够的逃生人员。
（3）设有应急通信报警设备、照明设备、洗手间等基础设施。
（4）完善的通风排烟系统。
（5）完善的救援方案。

同时，我国《铁路隧道防灾疏散救援工程设计规范》（TB 10020—2017）对隧道内紧急救援站的以下设计内容进行了规定：
（1）紧急救援站的位置、形式及规模。
（2）紧急救援站站台长度、宽度、高度等。
（3）横通道间距、尺寸。
（4）横通道门的类型，通行净宽、净高。
（5）等待区域位置及尺寸。

（6）防灾通风、供电、应急照明、应急通信、消防、监控及标识等配套设施。

1.5 铁路隧道火灾研究现状

1.5.1 隧道火灾研究方法

目前，隧道火灾的研究方法主要包括理论分析、试验研究及数值计算。

1.5.1.1 理论分析

理论分析是基于质量、能量和动量守恒，并结合无量纲分析、羽流发展模型、烟气扩散理论等，建立可用于描述隧道火灾烟气流动及控制的理论计算模型，分析隧道内烟气流动特征。

1.5.1.2 试验研究

隧道火灾试验研究可分为全尺寸燃烧试验、小尺寸燃烧试验和介质类比试验[9-11]。

（1）全尺寸燃烧试验。

此类试验是在真实建造的隧道中开展火灾试验，试验结果真实可靠。但全尺寸隧道火灾试验需要投入大量的人力、物力、财力，试验费用大、周期长，试验的测量系统和测量方法复杂[12]。中国科学技术大学胡隆华[13]通过全尺寸试验，获取了大量可靠的数据，完善了隧道火灾相关理论。

（2）小尺寸燃烧试验。

小尺寸燃烧试验也称缩尺寸燃烧试验，是基于相似准则在缩尺隧道模型中进行的燃烧火灾试验。小尺寸燃烧试验可以较好地反映实际隧道中的火灾场景，能够真实地模拟实际隧道火灾时的温度场和浮力流动特性。与全尺寸火灾试验相比，小尺寸燃烧试验周期短、代价低，还可以方便地调整试验参数以研究烟气流动的一般规律，而且不受室外气象环境的影响。目前，大部分隧道火灾试验研究都是采用小尺寸燃烧试验开展和完成的[14-16]。

（3）介质类比试验。

介质类比试验包括水混合物试验和冷烟气试验。

水混合物试验可分为盐水试验和乙醇水试验，其原理是将火灾的温度差引起的烟气与隧道外空气的密度差用盐水或乙醇水与水的密度差代替，从而通过模拟盐水或乙醇水在清水中的流动来模拟火灾的烟气扩散规律。此方法过程直观、可重复性好、花费较低，但缩尺盐水试验误差较大、理论基础还不够完善，同时它忽略了高温火焰辐射效应和壁面传热。最重要的是由于盐水和乙醇水的密度有限制，能模拟的火灾烟气密差异仅为 0.8~1，故只能模拟小型火灾，不适用于隧道内大型火灾的研究[17]。

冷烟气试验主要分为氦空气混合物和氦氮混合物在常温情况下试验，试验原理是用氦空气或氦氮混合物与空气之间的密度差代替隧道火灾烟气与空气之间的密度差而形成的空气流动特性，通过不同混合比例模拟不同的火灾规模。冷烟气试验模拟存在以下几个问题：

① 忽略了烟气辐射效应和壁面传热现象；

② 未考虑火源燃烧卷吸的羽流现象；

③ 相应位置的火源温度及烟气污染物浓度无法确定。故对隧道内的大型火灾的研究，冷烟气试验具有局限性。

1.5.1.3 数值计算

随着计算机硬件和软件的发展以及数值计算方法的日趋成熟，基于流动与传热理论的商用 CFD 软件得到了越来越广泛的应用。科研人员可以通过数值模拟技术进行科学研究，这使得研究人员从编制繁杂、重复性的程序中解放出来，有更多的精力投入到考虑计算的流动问题的物理本质、模型的简化、边界条件和计算结果的合理解释等重要方面。

一般 CFD 数值模拟软件包含前处理、计算和生成数据结果及后处理三个部分。前处理包括建模、生成网格、设置边界条件等；计算过程是由 CFD 软件的核心解算器根据具体的模型，完成相应的计算任务，并生成结果数据；后处理是将生成的结果数据以直观可视的图形形式表现出来。目前，常用的可用于火灾模拟计算的 CFD 软件有 FDS、FLUENT、STAR-CD、PHOENICS、CFX、FLOW^{3D} 等。

1.5.2 隧道火灾研究现状

目前，国内外关于隧道火灾的研究主要集中在火灾通风、烟气特性及控制和数值计算方法等 3 个方面。

1.5.2.1 隧道火灾通风

隧道火灾通风研究主要包括临界风速、回流长度和限制风速等方面。Thomas[18,19]是最早研究纵向通风临界风速的学者之一，他提出烟气流动特征取决于 Froude 数，他认为当 Froude 数等于 1 时，浮力与流动惯性力相当，此时烟气无回流。Danziger 和 Kennedy[20]依据 Thomas 理论与试验数据确定 Froude 数为 4.5。Bettis[21,22]依据一项大尺寸隧道火灾试验研究发现，在低火灾强度下，隧道临界风速与火灾强度成 1/3 次方关系，但当火灾强度很大时，隧道临界风速在很大范围内几乎与火灾强度无关。Oka 和 Atkinson[23]以缩尺比例隧道模型进行试验，通过研究表明在热释放速率一定的情况下，临界风速为定值，与火源强度无关。Wu 和 Bakar[24]对不同截面的隧道进行了试验，将隧道水力直径作为特征尺寸，并将热释放速率和临界风速无量纲化处理后，得到不同隧道尺寸临界风速的结果可近似用一简单的公式表达。胡隆华[13]通过开展全尺寸试验，完善了隧道火灾抑制烟气逆流的临界风速等研究。陈霖[25]通过引入列车阻塞以及疏散门开启因素的影响，提出了可应用于地铁隧道防排烟系统设计的临界风速模型。

在回流长度和限制风速方面,周延[26]在一个长 9 m,断面尺寸为 30 cm×30 cm 的巷道中模拟火灾试验,拟合结果表明无量纲回流长度随火源放热率与巷道风速的比值增大近似成指数规律增大。Cordier[27]采用数值模拟方法研究隧道火灾回流长度,结果表明:回流长度与 Richardson 数成 0.3 次方关系。周庆等[28]通过 FDS 数值模拟和缩尺寸模型试验分析,得出在统一坡度下,纵向通风速率与回流长度近似成线性关系,当坡度为零时,抑制烟气回流所需临界风速较大。李颖臻[29]对纵向通风隧道内临界风速与回流长度进行量纲分析,得到临界风速与回流长度的计算公式:当火灾热释放速率较小时,两者均与热释放速率相关;当火灾热释放速率较大时,两者基本与火灾热释放速率无关。

1.5.2.2 隧道火灾烟气特性及控制

Drysdale 等[30]针对伦敦金十字地铁火灾建立 1∶1 模型,结果表明沟槽效应产生的火焰加速蔓延现象是造成金十字地铁火灾伤亡惨重的重要原因;赵明桥[31]采用 FDS 对区间隧道既有火灾烟气控制规律进行研究,在隧道内采用纵向通风(2 m/s)控制列车中部火灾烟气时,无法保证下风侧乘客疏散安全;李湘蕾[32]应用 STAR-CD 软件模拟地铁列车顶部着火继续运动的情况,分析运行速度与烟气流动特征及温度分布,提出着火列车在隧道内继续运行的速度为 40 km/h;吴显超[33]使用 ANSYS CFX 软件研究地铁隧道中的活塞风,用 STEPS 软件模拟火灾时人员疏散情况,通过分析得到活塞风对烟气蔓延和纵向排烟系统有显著的影响[33]。

1.5.2.3 隧道火灾数值计算方法

Woodburn 等[34,35]采用 FLOW^{3D} 模拟英国巴克斯顿隧道纵向通风下的火灾工况,并与隧道内的火灾试验测量数据作了对比分析,研究分为火源附近区域和火源下游区域两部分考虑,在火源附近区域,测量结果对采用的湍流模型以及燃料的热释放速率等影响因素十分敏感,在火源下游区域则是采用的湍流模型以及下游边界位置对结果影响大;张会冰[36]基于 FDS 火灾模拟软件,对比分析了不同壁面边界条件对烟气蔓延、烟气参数以及壁面温度、壁面与烟流间的换热量等因素的影响;Gao[37]用大涡模拟方法研究纵向通风隧道内火灾烟气流动的特性,他在研究中将大涡模拟的结果与采用 RANS 方法的标准 k-ε 模型结果作了对比分析,在预测温度分布、火焰形状和烟气流动等简单问题时,LES 和 RANS 方法都能得到较好的预测结果,但预测烟气回流等复杂问题时,LES 得到的结果较 RANS 更加准确;康恒[38]运用数值计算的方法研究火源面积大小及火源位置的不同对重载铁路隧道内、洞口处温度场分布的影响,结果表明 FDS 软件对小火源面积隧道火灾模拟结果较为精确,对于火源面积较大的通风控制型隧道火灾模拟结果存在较大误差。

1.5.3 隧道人员疏散研究现状

目前,对于高速铁路隧道火灾安全疏散的研究主要集中在高速列车各参数对人员疏散的影响、高铁隧道中各设施对人员疏散的影响、火灾疏散模拟仿真等方面。

1.5.3.1 高速列车结构参数

Mark P 等[39]人研究发现:当隧道内列车两端发生火灾时,可通过纵向通新风控制烟气,人员可以朝通风方向上游进行疏散,避免烟气的影响;当列车中部着火时,无论如何组织送风,都会有部分乘客受到烟气的影响。隧道内列车发生火灾的危害性大小与发生在列车上的具体部位有着密切联系[39]。Colino M.P.[40]对铁路隧道内列车中部发生火灾时的人员逃生做了研究,建立了铁路隧道中保证人员安全疏散的合理横通道间距数学方程,并将数学方程用于不同的铁路隧道。在国外还有一些标准描述了高速列车乘客安全的一般要求。ATOC(火车运营公司协会)[41]规定乘客的疏散时间为 90 s,疏散到轨道平面的门应至少能保证 30 人/min

的通行能力,相邻车厢间门的通行能力至少能保证 40 人/min 的通行能力。这些值被消防工程师称为"幻数"。

1.5.3.2 高速铁路隧道结构

人员疏散辅助设施对人员影响方面也有相关学者进行了一系列的研究。这方面的研究主要集中在疏散指示标志之类的辅助设施、横通道、中间救援站、服务隧道以及平导、竖井等辅助坑道这类参数对人员疏散影响的研究上[42,43]。

2007 年,部分瑞典科学家开始研究隧道中疏散指引辅助设施对于火灾场景中人员疏散的影响。其中主要研究因素包括了疏散门指引标志、灭火器、应急电话标志以及广播引导系统等。通过所得到的疏散时间和疏散现象来分析这类系统对人员疏散的影响,可以得出辅助疏散系统对人员疏散影响较大,疏散者之间的行为和心理影响也比较大[44]。

1.5.3.3 火灾疏散仿真

杨高尚等[45]利用 FDS 软件模拟分析了特长隧道 4 种不同火灾场景下的典型自然疏散过程,计算了不同火灾场景、不同联络通道间距情况下的危险时间,然后与相应的包含人员疏散行为特征的疏散时间相比较,从而得出了最适宜的联络通道间距。丁良平[46]研究了高速列车在隧道中的人员安全疏散,分析了列车继续运行疏散模式下在隧道内不同位置发生火灾时,人员疏散的方向,同时分析了列车继续运行的合理速度。杜璐露[47]以高速列车 CRH_1 型为研究对象,运用软件计算列车内人员的疏散过程,分析不同情况下的人员疏散情况及影响人员疏散的因素;同时模拟火源位置分别在列车车厢端部和车厢中部两个火灾场景,对比得出车内人员安全疏散的要求。同济大学谢雄耀、丁良平等[48]采用 CFD 方法研究得出人员安全疏散的两个主要影响因素为火源功率及列车初始运行速度;火源功率和列车运行速度对下游车厢烟气流场的影响较大;在继续运行疏散过程中,高速列车不应以低于

160 km/h 的速度减速行驶，宜保持原设计正常速度行驶出洞外或到定点车站再进行疏散。通过此项研究，他们对列车继续运行模式的列车安全运行速度进行了量化。

在隧道人员疏散算法方面，德国物理教授 Helbing[49]提出了基于恐惧心理状态的社会力模型。该模型将"人流"比作理想化的符合流体力学规律的流场，假设人为自驱动的有几何和物理特征的粒子，在运动过程中会受到外界社会一些心理力的影响。该模型采用网格化进行计算。该模型已经成功应用于由芬兰 VTT 技术研究中心在美国国家标准技术局（NIST）火灾动力学模拟软件（FDS）的基础上研发的逃生模型，是可以同步模拟火灾发展和火场中人员的疏散情况的人员疏散软件 FDS+EVAC。唯一不足的是，该模型没有考虑"再进入行为、羊群行为和回避行为"。王振、刘茂等[50]将人员疏散模型描述成网络模型，研究了离散时间动态网络模型在疏散过程中的应用，并分析了试算过程中的人流运动特征和阻塞现象。

在疏散模型领域，有学者提出了一种博弈理论的模型，这个模型是指在紧急情况下疏散者之间互助和竞争行为的博弈理论，他们研究了不同的疏散参数如人员密度、紧急程度等对疏散人员之间互助和竞争关系的影响。1987 年，Toffoli 和 Margolus[51]提出了元胞自动机（Cellua Automata）模型，该模型中，时间、空间和状态变量都是离散的，这使得它们适于高性能的计算机模拟。中国科学技术大学宋卫国、于彦飞、范维澄等[52]在元胞自动机模型的基础上，量化确定了摩擦力和排斥力的运算规则，提出了一种新的元胞自动机模型，通过将模型的运算结果与多粒子自驱动模型进行比较表明，新模型在人员行为、疏散速度以及"快即是慢"效应等方面都可以得到与后者相同的结果，而运算速度则与普通的元胞自动机及格子气模型相当，比社会力模型大为提高。美国消防工程师协会（SFPE）[53]给出了一种"行人的行走速率由每个房间的人群密度决定，通过出口的人流量则由出口宽度决定"的疏散计算模式，并已经在 Pathfinder 软件中得以应用。DiNenno

P. J.[54]提出了磁场力模型（Magnetic Force Model），该模型采用了 Coulomb 的定理，把人员描述为磁场中的物体，磁场力模型和磁场中运动方程的运用使行人前进，每个行人和障碍物为正极，假设行人的目的地为负极，行人向他的目标前进时避免与他人冲突，每个人身上都有两个力在起作用。

1.6 本书主要内容

本书首先基于高速铁路隧道火灾燃烧基础，分析高速铁路隧道火灾烟气流动特性，建立相应的控制理论及方法，最后以实际特长铁路隧道为例，研究了救援站火灾烟气流动特征、控制方法应用及火灾安全疏散。

第 2 章　高速铁路隧道火灾燃烧基础

2.1　火灾燃烧基础

2.1.1　燃烧条件

2.1.1.1　基本必要条件

物质燃烧的基本必要条件包括三点：可燃物、氧化剂及热源。

（1）可燃物。

可燃物分为气体可燃物、液体可燃物以及固体可燃物三种。气体可燃物，包括煤气、天然气、液化石油气、乙炔气等。液体可燃物，包括汽油、煤油、乙醇、乙酸等。《建筑设计防火规范》[55]中将能够燃烧的液体又分成甲类液体、乙类液体、丙类液体三类，按照闭杯闪点划分（闪点即指在规定试验条件下，试验火焰引起试样蒸汽着火，并使火焰蔓延至液体表面的最低温度，修正到 101.3 kPa 大气压力下），甲类液体闪点 < 28 ℃，28 ℃≤乙类液体闪点 < 60 ℃，丙类液体闪点≥60 ℃。固体可燃物，包括木材、磷、硫、聚氨酯泡沫塑料、黏胶纤维等。《建筑设计防火规范》中将能够燃烧的固体分成甲、乙、丙、丁四类：甲类固体燃点与自燃点低，易燃，燃烧速度快，燃烧产物毒性大；乙类固体燃烧性能比甲类固体差，燃烧产物毒性也稍小；丙类固体是燃点 > 300 ℃ 的高熔点固体及燃点 < 300 ℃ 的天然纤维，燃烧性能比甲、乙类固体差；丁类固体在空气中受到火烧或高温作用时难起火、难微燃、难碳化、有自熄性。

（2）氧化剂。

氧化剂即指助燃剂，在火灾中帮助物质燃烧所需要的氧化剂主要指氧气。

（3）热源。

热源指明火、摩擦、高温表面、电火花等。

2.1.1.2 充分条件

物质燃烧能够发生和发展，不仅需要具备必要条件，还需具备三个充分条件：

（1）一定量的可燃剂浓度。

如甲烷在空中的浓度必须控制在 5%～15% 的可燃极限范围内，才能燃烧。

（2）一定量的含氧量。

正常空气中含氧量为 21%，当含氧量大于 14% 时，可燃物才能燃烧，如汽油燃烧最低含氧量为 14.4%，煤油为 15%。

（3）一定的点火能量。

外界点火能量必须达到可燃物最小点火能以上，燃烧才能发生，如汽油的最小点火能为 0.2 mJ。

只有具备了上面的必要和充分条件，燃烧才能发生并持续发展下去。

2.1.2 火灾燃烧过程

能够发生燃烧化学反应，燃料和氧化剂必须以分子水平相接触，这就决定了燃烧过程一般是一个气相现象，这里对各类可燃材料的火灾燃烧特性及发展过程进行讨论[56]。

2.1.2.1 可燃物燃烧基本形式

（1）气体可燃物。

气体可燃物的燃烧可以分为预混燃烧和扩散燃烧两种基本形式[57]。

① 预混燃烧。

预混燃烧又称混合燃烧、动力燃烧、爆炸式燃烧。预混是指可燃气体与助燃气体预先在容器、管道或空中均匀混合。发生预混燃烧的基本条件之一是燃气在预混气中必须具有一定的浓度,在常温下,燃气的浓度低于某一值或高于某一值都不会被点燃,只有在这个范围内并提供最小点火能才可能被点燃,前者被称为点燃浓度下限,后者称为点燃浓度上限。

② 气相扩散燃烧。

在气相扩散火焰中,燃料和氧化剂在燃烧开始之前还没有完全混合好,或者完全没有混合,而是在燃烧过程中,靠燃料和氧化剂的相互扩散、混合而形成混合剂,因而反应剂的混合和燃烧是同时进行的。由于化学反应速率远远大于气流速度、扩散速度和混合速度,因此在扩散燃烧中,控制燃烧速率的主要因素是燃料和氧化剂的扩散速度而不是化学反应速率。

(2) 液体可燃物。

液体可燃物燃烧主要是液面燃烧,由液体蒸发产生的蒸气被点燃起火而形成。火焰一般在液体表面上生成,它释放出来的热量进一步加热液体表面,从而促使液体继续蒸发,使燃烧持续得以发展。

(3) 固体可燃物。

可燃固体的燃烧过程大体形式为:在一定的外部热量作用下,物质会随着热量的吸收发生热分解,生成可燃挥发分和固定炭;若挥发分达到燃点或受到点火源的作用,即发生明火燃烧。而稳定明火的建立,进一步促进向固定燃烧面反馈热量,从而加快其热分解过程,撤掉点火源燃烧仍能继续进行。当固体本身温度达到较高数值后,固体开始燃烧。固体燃烧的表面可以是水平朝上的,也可以是竖直的,甚至可以是水平的。有些塑料在火灾条件下,可以融化为液体并向外流动,其燃烧表面的形式更复杂。

2.1.2.2 燃烧的火焰

发光的气相燃烧区域称为火焰,火焰的存在是燃烧过程明显的标志。气体燃烧一般存在火焰;液体燃烧为液体受热蒸发出的蒸气燃烧，也存在火焰；有机挥发性热解产物产生的固体燃烧也存在火焰；而无热解产生的固体燃烧，无火焰存在，只有发光的灼热燃烧，这种现象被称为无焰燃烧。

（1）气体火焰。

根据可燃气体与空气混合的阶段来区分，气体火焰分为预混火焰和扩散火焰，结构如图 2-1 所示。扩散火焰通常呈现黄色，这是由于扩散火焰不充分燃烧而产生炭粒，炭粒在高温下辐射出黄色光线，如图 2-1（a）所示。预混火焰颜色则由两部分组成，内区呈绿色，是可燃气体与氧气进行化学反应时的气体辐射；外区呈紫红色，是已燃气体的微弱可见光辐射，如图中 2-1（b）所示。如果预混气中空气不足，在内区氧气燃烧耗尽后，部分多余可燃气体穿过内区与扩散进入的氧气在中区（绿色内区与紫红色外区之间）进行扩散燃烧，这时火焰由三部分组成：绿色的内区、黄色的中区、紫红色的外区，如图 2-1（c）所示，这种结构称为过渡火焰结构。

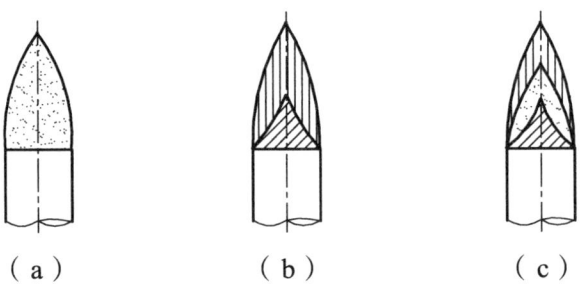

图 2-1　气体火焰结构

（2）液体火焰。

液体受热，其表面上的蒸气达到一定浓度后，蒸气与空气的混合气体遇到火源发生燃烧，燃烧初期为预混燃烧，火焰为预混火焰。当预混气体燃烧完全后，则是蒸气不断地蒸发进入火焰面，同时空气从周围不断扩散到火焰面，两者在火焰面处一边混合一边燃烧。因此，液体燃烧主要方式是扩散燃烧，其火焰是扩散火焰。

（3）固体火焰。

一般固体可燃物受热后不断释放出热解产物，与不断进入火焰的空气一边混合一边燃烧，因此固体燃烧火焰属于扩散火焰。

2.1.2.3 火灾热释放速率

火灾燃烧产生大量的热量，一部分由烟气所携带，热量释放的速率决定烟气中携带热量的大小。热释放速率是燃烧的重要特性，是火灾危害的主要参数，决定火灾的安全疏散策略的制定。热释放速率可按式（2-1）计算：

$$Q = \varphi \cdot m \cdot \Delta H \quad (2\text{-}1)$$

式中：m 为可燃物燃烧速率；

φ 为燃烧效率因子，反映燃烧不完全程度；

ΔH 为可燃物热值。

2.2 隧道火灾燃烧的特殊现象

铁路隧道的结构形式有别于常规建筑，隧道外围是土壤或岩石结构，通过砌层形成坚固封闭空间，内部一旦发生火灾，热烟气不能及时排除，热量在短时间内聚集，容易导致轰燃等效应。隧道火灾燃烧的特殊现象包括阴燃、轰燃、烟气回燃、火灾羽流与顶棚射流等。

2.2.1 阴燃

阴燃是多种固体中发生的持续的、有烟的、无气相火焰的缓慢燃烧现象。它与有焰燃烧的区别是无火焰，与无焰燃烧的区别是能热分解出可燃气。因此，在一定条件下阴燃可以转换成有焰燃烧。

阴燃燃烧的条件是：

（1）内部条件：可燃物必须是受热分解后能产生刚性结构的多孔炭的固体物质。

（2）外部条件：有一个适合供热强度的热源，具有适合的温度和供热速率。

2.2.2 轰燃

轰燃是指室内火灾突发性的引起全面燃烧的现象，即室内大火燃烧形成的充满室内各个区域的可燃气体和未充分燃烧气体的浓度达到一定限度，导致室内未接触火源的可燃物一同燃烧的现象。轰燃是火灾由初期阶段向旺盛阶段转变的显著特征之一。在火灾初起阶段，如通风条件及可燃物数量适宜，火灾范围会迅速扩大，并引起室内相当数量的可燃物热解和汽化。一旦可燃气体浓度达到燃烧极限的下限，室内温度达到可燃气体燃点时，经过很短的时间（几分钟或更短），室内绝大多数可燃物表面会被迅速点燃，燃烧剧烈，温升加快，火灾进入全盛时期。

轰燃现象的出现是火灾燃烧释放出热量不断积聚的结果，引起轰燃的热源主要是热辐射。轰燃的出现主要由热烟气层的厚度和温度达到的某一临界点所决定，因此烟气层的热辐射对确定火灾的发展十分重要。

2.2.3 烟气回燃

隧道火灾发生一段时间后，由于燃烧可能造成室内缺氧，烟气中逐渐积累大量可燃气体，当门窗突然破裂后大量空气迅速涌进，在烟气层下表面附近发生的非均匀预混气体燃烧的现象称为烟气回燃。烟气回燃的发生存在下面两种情况：

（1）在室内的门窗关闭条件下发生火灾，或者在密闭性不好的情况下，一旦室内存在大量可燃气体，燃烧过程中就会出现氧气供应不足，烟气层中即存在大量可燃气体组分，一旦突然形成通风缺口，如门窗破裂或人为通过缺口进入，大量新鲜空气卷入，使可燃烟气获得充足氧气，燃烧迅速增强，温度急剧升高，情况严重时可能发生轰燃或爆炸。

（2）火源在尚未发展起来时就被扑灭，室内可燃物中挥发组分未完全析出，周围温度短时间内仍旧比环境温度高，这种情况容易造成可燃挥发气再度析出，一旦形成充分供氧条件，被扑灭的火灾可能重燃，即烟气回燃。

为防止回燃现象发生，必须控制新鲜空气大量涌入，禁止启动无防爆措施的电气设备。当发现着火区间生成大量黑红色浓烟时，不要轻易打开门窗，可开启顶棚或墙壁上部排烟口排除可燃气体，或在打开通风口时，沿开口向房间内喷水雾，有效降低烟气浓度、扑灭明火。

2.2.4　火羽流与顶棚射流

在火灾燃烧中，火源上方的火焰及燃烧生成烟气的流动通常称为火羽流。火焰上方为燃烧产物的流动区，其流动完全由浮力效应控制，可称为浮力羽流或烟气羽流；当烟气羽流碰触到顶棚后形成按棚顶下表面蔓延的顶棚射流。

2.2.4.1　火羽流

火羽流的结构如图 2-2 所示。火焰可分为三个区：下部称为稳定火焰区；中部区域火焰是间断出现的，称为间断火焰区；上部是烟气羽流区。由于固体火灾燃烧时，其可燃气体是随着固体加热逐渐分解而形成的，因此，火羽流的火焰基本上是自然扩散火焰，火焰流动是由浮力控制的。

（1）火羽流的温度。

Mccaffrey 等[57]以甲烷为可燃气，在边长为 0.3 m 的多孔燃烧器上测量了火羽流中心线的平均温度和平均速度，结果表明火羽流每个区域内的温度与高度之间存在如图 2-3 所示的关系。由温度分布图可以看出，在连续火焰上方不远范围内，火焰温度由

500 ℃左右迅速上升到 800 ℃，在一定区间内保持温度不变。在间歇火焰部分，温度逐渐降低，在间歇火焰边缘部分温度降低到 320 ℃左右，在浮力羽流区域逐渐接近常温，因此人为自然扩散火焰的平均温度为 500～600 ℃。

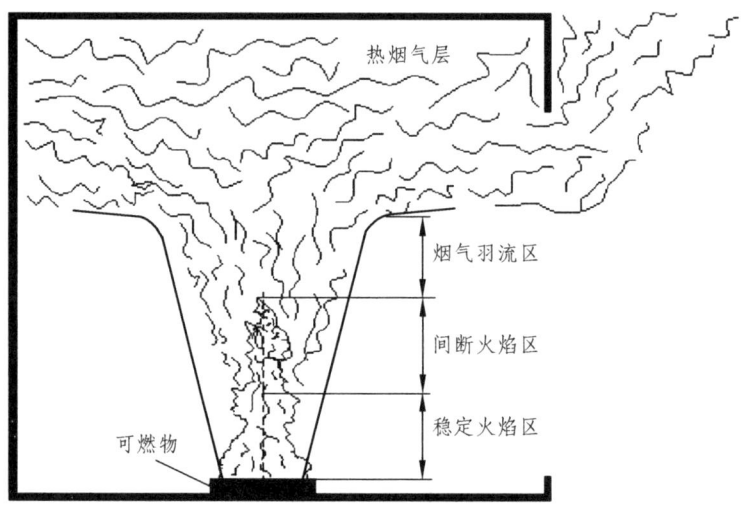

图 2-2 火羽流结构

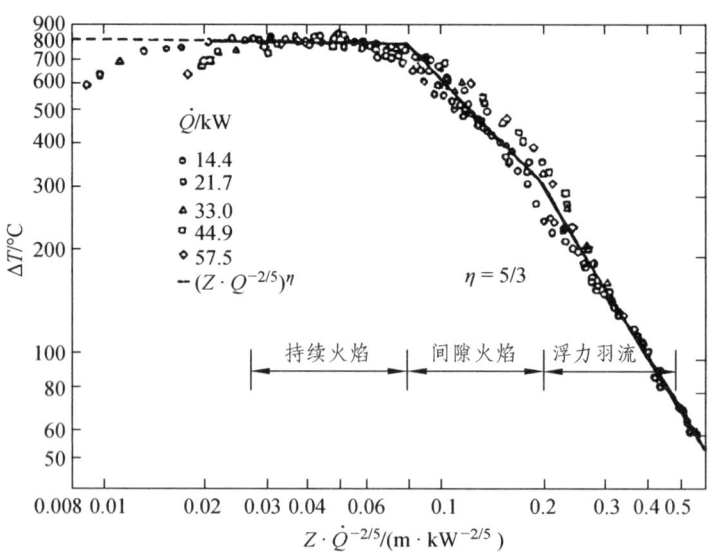

图 2-3 火羽流中心线温度随高度的变化

（2）浮力羽流。

发生火灾时，烟气温度高于周围空气，两者之间存在温度梯度，便会产生密度梯度，在相互作用下产生浮力效应，密度较小的气体向上运动。在火灾燃烧中，烟气浮力羽流受到流体黏性力的作用，羽流内的温度取决于火源强度（热释放速率）和距离热源的高度。

当火源位置在正中央时，羽流的垂直向上运动是轴对称的，但当火源靠近墙壁或者在两墙交界的墙角时，坚固的外壁边界对空气卷吸的限制将对火灾产生重要影响，空气只能从未被坚固壁面限制的方向卷入，近壁一侧形成负压区，火焰向壁面倾斜，如图 2-4 所示。由于羽流与环境空气的混合速率与不受限制情况下相比较混合速率较慢，因而随着羽流高度的增加，其温度的下降亦将变慢，若所处壁面材料可燃，将会加强燃烧的火势，若所处壁面不可燃，将在火灾壁面上扩展开来以吸收更多的空气，以烧掉烟气中的可燃挥发分。

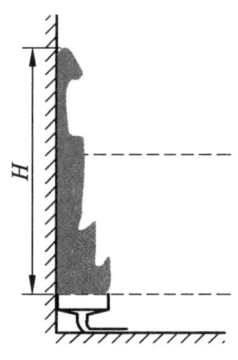

图 2-4 近壁火羽流示意图

2.2.4.2 顶棚射流

顶棚射流是一种半受限的重力分层流，当垂直向上拓展的火羽流受到顶棚阻挡时，热烟气将沿顶棚水平流动，并沿厚度方向积累。图 2-5 为火羽流演变成顶棚射流的发展过程。烟气羽流在顶棚上的接触区大体为圆形,并向四周扩散。烟气羽流和顶棚底面接触存在黏性阻力,因此,与顶棚接触的烟气薄层流速较低。烟气层随着垂直向下离开顶棚距离的增加,其速度逐渐增大,当超过一定距离后,烟气速度逐渐降低为零。这种速度分布使得烟气射流前锋逐渐向下流转,同时,由于热烟气层具有一定的上浮效应,因此在顶棚射流中便形成一连串旋涡,并将烟气层下方的空气卷吸进去,使烟气顶棚射流层厚度不断增加,速度逐渐降低。

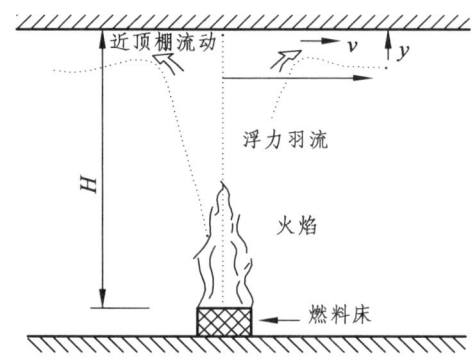

图 2-5　浮力羽流和顶棚的相互作用

夹带火焰的顶棚射流在走廊内的蔓延是建筑火灾的重要形式,Hinkley 等较早研究这种现象,他们利用倒置的槽状容器模拟走廊,如图 2-6 所示,在槽内靠近一端的位置放置一个多孔气体燃烧器,火灾烟气可沿槽状烟道流动较长的距离,槽道内的衬里是不可燃材料。试验发现,火焰的特性与燃烧器表面到顶棚之间的距离(H)和气体体积流率(Q)有密切关系。若火羽流部分能够卷吸的空气较多,则水平火焰长度有限;若可燃气的流量相当大,顶棚下就可形成燃烧着的烟气层,火焰面出现在富燃料烟气层的下边界处。从模拟走廊的剖面图可以得到,射流中燃烧的存在诱发了由中部上升然后向两边翻卷的旋涡,这显示走廊的竖直壁面对火焰结构也有重要影响。

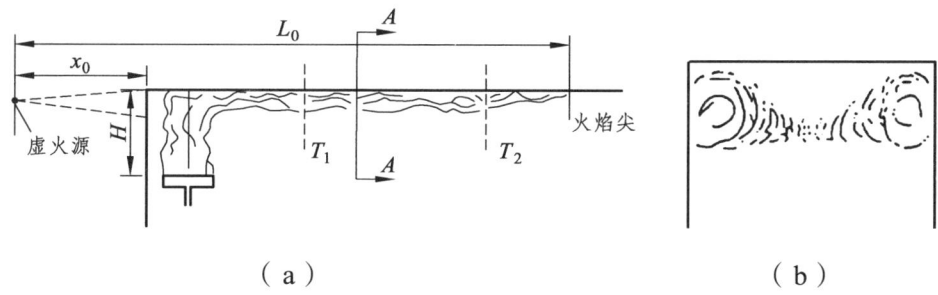

图 2-6　模拟走廊顶棚下方的火焰传播

2.3　铁路隧道可燃物及其危害特性

铁路隧道可燃物质主要分为可燃气体与液体、易燃液体、可燃易燃固体。易燃液体与可燃易燃固体是引发隧道火灾的主要原因。

2.3.1　可燃固体

在常温下以固体形态存在，遇火受热、冲击、摩擦、接触氧化剂或强酸后，能发生燃烧（或爆炸）的物质，统称为可燃固体。社会生产活动的各个方面都存在着种类繁多的固体可燃物，它们在火灾燃烧物质中所占的比重大，对火灾燃烧的发展起关键的作用。

2.3.1.1　可燃固体的燃烧形式

可燃固体的燃烧大多经历两种不同的过程：一种是受热、汽化、热分解等阶段；另外一种是受热、溶解、蒸发和热分解等阶段。当固体上方可燃气体浓度达到燃烧极限时，燃烧才能进行。由于可燃固体的分解结构差异、物理形式不同以及火灾的形成条件不一致，其燃烧形式也存在差异，大体上可以分为蒸发燃烧、分解燃烧、表面燃烧以及阴燃四种形式。

2.3.1.2 可燃固体的燃烧速度

可燃固体发生火灾燃烧时,火焰在其表面或浅层传播,在火场范围内,火焰传播速度和可燃物表面积决定了火势发展的快慢。可燃固体的火焰传播特性只是火灾发展蔓延的基本要素,而燃烧速度则是关键因素。因此下面着重介绍可燃固体的燃烧速度。

固体燃烧速度既可以用表面直线燃烧速度 v_s 表示,也可以用重量燃烧速度 G_S 表示,现在大多数研究采用后者来表示。固体的重量燃烧速度 G_S 可按照下式计算:

$$G_S = \frac{Q_E + Q_F + Q_L}{L_v} \quad (2\text{-}2)$$

式中:Q_E——外部提供给固体表面的热通量;

Q_F——燃烧火焰提供给固体表面的热通量,由辐射热通量和对流热通量组成,两者的比例随着燃烧面积的变化发生改变,在大面积燃烧中火焰向固体表面传热以辐射为主;

Q_L——火焰传播过程中损失的热通量;

L_v——单位可燃固体释放可燃气体所需的热量。

表 2-1 为主要常见固体的燃烧速度。

表 2-1 几种常见固体的平均燃烧速度 [g/(m²·s)]

物质名称	平均燃烧速度	物质名称	平均燃烧速度
木材(水分 14%)	13.9	棉花(水分 6%~8%)	2.5
天然橡胶	7	纸张	6.7
布质电胶木	8.9	有机玻璃	11.5
酚醛塑料	2.8	人造纤维(水分 6%)	6

影响可燃固体燃烧速度的因素较多,主要包括外加热源、固体材料物化性质以及外界环境等。如存在外加热源预热,燃烧速度及表面火焰传播速度将加快;固体释放的可燃气体速率越快,越容易被引燃;相同材料,其相对表面积越大,与氧气接触的面

积就越大，越容易被氧化；相同材料与边界条件，燃烧速度与材料表面位置有关，竖直向上的火焰燃烧速度最快，竖直向下的最慢，竖向燃烧较横向燃烧快；外界环境中风速、压力、氧浓度对燃烧速度影响也较大。

2.3.1.3 评价可燃固体火灾危害性的主要指标

可燃固体按照其燃烧过程分为一般固体与低熔点固体两类，不同燃烧过程危险性指标不同。

（1）一般固体火灾危险性的主要指标。

一般固体成分复杂，受热后分解出可燃气体，这种情况在火灾中占大多数，如木材、塑料、橡胶等。一般性可燃固体的火灾危险性指标主要有燃点、热分解温度、自燃点等。

燃点是可燃物质被点燃时的最低温度。燃点是固体可燃物评价危险程度的主要指标，表 2-2 为几种常见物质的燃点。燃点是评价可燃物质的火灾危险性的重要指标，燃点越低危害性就越大。

表 2-2 可燃物质的燃点

固体名称	燃点/°C	固体名称	燃点/°C
黄磷	30	布匹	200
橡胶	120	棉花	210
纸张	130	麻绒	150
胶布	325	涤纶纤维	390

自燃是指可燃物在空气中没有外来火源的作用，靠自热或外热而发生燃烧的现象，引起自燃的最低温度称为自燃点。

根据热源的不同，物质自燃分为自热自燃和受热自燃两种。在通常条件下，一般可燃物质和空气接触都会发生缓慢的氧化过程，但速度很慢，析出的热量也很少，同时不断向四周环境散热，不能像燃烧那样发出光。如果温度升高或其他条件改变，氧化过程就会加快，析出的热量增多，不能全部散发掉就积累起来，使温度逐步升高。当到达这种物质燃烧的最低温度也就是该物质的燃点时，该物质就会自行燃烧起来，这就是自燃。使某种物质受热发生自燃的最低温度就是该物质的自燃温度。

热分解温度是指可燃固体受热发生分解的初始温度，它是评价受热能分解固体的火灾危险性的主要指标之一。固体的热分解温度越低，燃点越低，相对应的火灾危险性也越大。

（2）低熔点固体火灾危险性的主要指标。

此类固体火灾危险性指标主要有熔点和闪点两种。熔点即物质由固态转变为液态的最低温度，熔点低的可燃固体受热时容易蒸发或直接汽化，其燃点相对较低，燃烧速度较快。

闪点是在规定的试验条件下，使用某种点火源造成液体汽化而着火的最低温度。闪燃是液体表面产生足够的蒸气与空气混合形成可燃性气体时，遇火源产生短暂的火光，发生一闪即灭的现象，闪燃的最低温度称为闪点。

测定闪点的方法有两种：开口闪点（GB 267—88）和闭口闪点（GB/T 261—2008）（或者称为开杯闪点、闭杯闪点）。前者与ASTM D92-73 及 IP 34-75 等效，又称克利夫兰得开杯试验；后者又称宾斯基-马丁闭杯法，根据 ISO 2719:2002 重新起草。一般闪点在 150 °C 以下的轻质油品用闭杯法测闪点，重质润滑油和深色石油产品用开杯法测闪点。同一个油品，其开杯闪点较闭杯闪点高 20~30 °C。

2.3.2 可燃液体

可燃液体系指闪点等于或高于 45 °C 的液体，如汽油、煤油、柴油、乙醇等，闪点越低，危险性就越大。闪点在 45 °C 以下的液体称为易燃液体。

2.3.2.1 可燃液体的燃烧形式

可燃液体的燃烧实际上是可燃蒸气的燃烧，因此，液体是否能发生燃烧，燃烧速率的高低与液体的蒸气压、闪点、沸点和蒸发速率等性质有关。可燃液体在火源或热源的作用下，首先蒸发，然后蒸气氧化、分解进行燃烧。开始时燃烧速度较慢，火焰也不高，因为这时的液面温度低，蒸发速度不快，蒸气量较少。随着燃烧时间延长，火焰对液体表面传热，使表面温度上升，蒸发速度和火焰温度则同时增加，这时液体就会达到沸腾的程度，使火焰显著增高。如果不能阻断空气，可燃液体就可能完全烧尽。

2.3.2.2 可燃液体的燃烧速度

可燃液体在火灾中的燃烧主要是液面燃烧，液体在常温下具有挥发性，蒸发出来的蒸气被分解、氧化达到燃点时，被明火或其他热源点燃导致燃烧，燃烧速度取决于液体的蒸发速度。液体在自由表面燃烧时，燃烧速度一般有两种表示方法：直线速度和质量速度。液体燃烧直线速度指单位时间内被燃烧消耗的液层厚度，单位为毫米/分（mm/min）或厘米/时（cm/h）；液体燃烧质量速度指单位时间内每单位面积上被燃烧消耗的液体质量，单位为克/厘米^2（g/cm^2）或千克/（米^2·时）[kg/(m^2·h)]。常见可燃液体的燃烧速度如表 2-3 所示。

表 2-3　可燃液体燃烧速度

液体名称	直线速度/(mm·min^{-1})	质量速度/[kg·m^{-2}·h^{-1}]
甲醇	1.2	57.6
乙醚	1.4	66.36
苯	3.15	165.37
航空汽油	12.5	91.98
车辆汽油	10.5	80.85
煤油	6.6	55.11

2.3.2.3 评价可燃液体火灾危害性的主要指标

闪点是评价可燃液体燃烧危险性等级的最主要指标，是可燃液体燃爆危险性等级划分的依据。我国《建筑设计防火规范》对仓库储存物品按火灾危险性分为甲、乙、丙、丁、戊五类，其中对燃烧性液体按闪点分为甲、乙、丙三类，如表 2-4 所示。

表 2-4 燃烧液体分类

类别名称	曾用分类	说明
甲类液体	易燃液体	闪点＜28 °C
乙类液体	可燃液体	28 °C≤闪点＜60 °C
丙类液体		闪点≥60 °C

在防火标准中对液体可燃物在存储、运输和安全使用上有不同的标准规定，在不同场合需要根据不同标准进行划分。

第 3 章　高速铁路隧道救援站烟气流动与计算

3.1　隧道火灾烟气性质

火灾燃烧产生大量的烟气，不仅造成大量人员伤亡和财产损失，产生的烟气粉尘还污染环境。火灾危害主要来自火焰辐射热量、低氧状况以及火灾烟气。在大多数火灾危害中，以火灾烟气的吸入这种情况对人员造成的伤害较大。据美国消防协会（NFPA）对历年烟气毒性致死人数和受害者死亡地点的统计数据表明，每年由于烟气吸入中毒死亡的人数占火灾死亡人数的 2/3～3/4，而其中 60%～80% 的人员均在远离火源位置死亡。这表明烟气自身的毒性及在火灾中的传播分布是造成人员伤亡的主要因素。

3.1.1　烟气组成

（1）烟气的定义。

目前常见的关于烟气的定义有三种：

① 烟气是可燃物燃烧生成的可见挥发物；

② 烟气是燃烧中产生的一种气溶胶状物质；

③ 烟气是在不完全燃烧过程中所产生的、由大量微粒所组成的可见云团，其包括燃烧物释放的高温蒸气和气体、未燃的分解物和冷凝物以及被火焰加热的空气等。

（2）烟气的组成。

发生火灾时，可燃物质种类繁多，化学反应过程复杂，生成物也并不相同，大体上可以产生下列常见物质：

① 可燃物经热分解与燃烧生成的气相产物，包括：未燃燃气，如 CH_4、CO；惰性气体，如 CO_2、水蒸气等；有毒腐蚀性气体，如 SO_2、NO、NO_2、HCl 等。

② 悬浮微小固体颗粒和液滴，直径为 0.01～10.0 μm，如游离碳焦油类粒子、高沸点物质的凝缩液滴等。

③ 火焰卷吸进入烟气中的新鲜空气。

3.1.2 能见度

光波在大气中传播时，因受气溶胶和气体分子的散射和吸收，光波强度按指数规律衰减，假定有波长为 λ 的单色光，其光强的衰减规律遵循郎伯定律[58]：

$$I_\lambda = I_{0\lambda} \cdot \exp[-\int R \cdot b \cdot \lambda(Y) d(Y)] \tag{3-1}$$

式中：I_λ—— 衰减后的光强度；

$I_{0\lambda}$—— 入射光强度；

R—— 光传播距离；

$b \cdot \lambda(Y)$—— 传播路径上的消光系数。

火灾条件下的能见度与大气能见度相比具有特殊性，不仅燃烧产物复杂，而且与烟气的颜色、物体的亮度以及背景的亮度等有密切联系。火灾环境下能见度与烟气消光系数关系式为[59]：

$$\begin{cases} KS = K_m M_n S = 8 \text{(对于自发光物体)} \\ KS = K_m M_n S = 3 \text{(对于反发光物体)} \end{cases} \tag{3-2}$$

式中：K_m—— 烟气粒子的消光率；

M_n—— 烟气粒子的质量浓度。

在刺激性烟气中能见度的经验公式为：

$$V = (0.133 - 1.47 \lg K_c) R / K_c \tag{3-3}$$

该公式适用范围为 $K_c \geqslant 0.25 \text{ m}^{-1}$。

式中：K_c——减光系数；

V——能见度；

R——比例系数。

图 3-1 给出了暴露在刺激性和非刺激性烟气的状况下，人沿走廊行走速度与烟气遮光性的关系，烟气对眼睛的刺激和烟气密度都对人的行走速度有影响。随着减光系数增大，人的行走速度减慢，在刺激性烟气的环境下，行走速度减慢得更加明显。

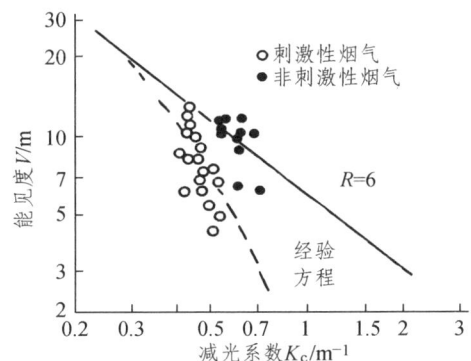

图 3-1 减光系数与能见度关系图

3.1.3 烟气危害

烟气的危害包括毒性、温度、缺氧、颗粒物四个方面。

（1）烟气毒性。

火灾气体是指材料在相应温度热解或燃烧释放的可在空气中传播的气相产物（ASTM1994）。这种材料燃烧产物对生物体造成不利生理效应的毒性效力称为燃烧毒性，燃烧毒性是造成人员伤亡的主要因素之一[60]。调查表明，在火灾中，85%以上的死亡者是由烟气影响造成的，其中约有一半是由 CO 中毒引起的，另一半是由直接烧伤、爆炸压力创伤以及吸入其他有毒气体引起的。火灾中可能的有毒气体的允许浓度及来源如表 3-1 所示。

表 3-1　火灾烟气中有毒有害气体的允许浓度及来源

名称	长时间允许浓度/(mg·L^{-1})	短时间允许浓度/(mg·L^{-1})	来源
一氧化碳	100	4 000	含碳材料
二氧化碳	5 000	100 000	含碳材料
氧化氮	5	120	赛璐珞
氢氰酸	10	300	羊毛及纤维质塑料等
苯	25	12 000	聚苯乙烯
二氧化硫	5	500	聚硫橡胶
三氯化磷	0.5	70	阻燃剂
氯化氢	5	1 500	阻燃剂
光气	1	25	阻燃剂

火灾中主要以 CO 中毒最为普遍。CO 无色、无味，在火灾事故中，通常 50%以上受害者死于 CO 的毒性作用，其主要毒性是极大削弱血红蛋白与 O_2 的结合能力而使血液中 O_2 含量降低致使供氧不足，而 CO 与血红蛋白结合生成碳氧血红蛋白（HbCO）。人体暴露于 CO 中产生的病理如表 3-2 所示。

表 3-2　人体暴露于 CO 的病理症状

暴露浓度/(mg·L^{-1})	暴露时间/min	病理症状
50	360~480	不会出现副作用的临界值
200	120~180	可能出现轻微头痛
400	60~120	头痛、恶心
800	45	头痛、头晕、恶心
800	120	瘫痪或可能失去知觉
1 000	60	失去知觉
1 600	20	头痛、头晕、恶心
3 200	5~10	头痛、头晕
3 200	30	失去知觉
6 400	1~2	头痛、头晕
6 400	10~15	失去知觉，有死亡危险
12 800	1~3	即刻出现生理反应，失去知觉，有死亡危险

CO 中毒的轻重与吸入 CO 的浓度、吸入时间长短成正比，也与个体健康状况及对 CO 的敏感性有关，我国《室内空气质量标准》[61]规定，CO 在 1 h 均值不超过 10 mg/m³。

其他烟气如 CO_2、NO_x、H_2S 等均会对人体产生危害，在火灾发生时要引起重视，在设计及使用中尽量减少容易产生有害气体的材料。

（2）烟气温度。

火灾烟气的高温对火灾现场的材料、结构、人体都会产生不良影响。在起火点附近的烟气温度可以达到 800 ℃，随着烟气向外界蔓延，烟气温度会随之降低，但大部分区域的烟气温度仍是人体所不能承受的，有对人员造成灼伤的危害。对于人员暴露在高温下忍受时间极限的研究还比较缺乏，人员对烟气的忍受能力与人员自身的条件状况、人员衣服的透气性和隔热程度、空气湿度等条件有关。人体在火灾烟气中的常规耐受时间如表 3-3 所示。

表 3-3　人体在火灾烟气中的常规耐受时间

温度和湿度条件	耐受时间
＜60%，水分饱和	＞30 min
100 ℃，水分＜10%	12 min
120 ℃，水分＜10%	7 min
140 ℃，水分＜10%	4 min
160 ℃，水分＜10%	2 min
180 ℃，水分＜10%	1 min

国外规范如 NFPA130 规定，在火源 30 m 以外人员承受的辐射热量不得大于 2.5 kW/m²，对应的烟气温度约为 200 ℃，在 6 min 的逃生时间内人员承受的最高温度不超过 70 ℃，CO 浓度不超过 1 150 mg/L。

（3）缺氧。

缺氧是供应体内组织的氧不足或组织利用氧障碍，从而引起的功能、代谢以至形态结构发生异常变化的病理过程。在静息状态下，成人机体需氧量约为 250 mL/min，而体内储存的氧气约为 1.5 L，一旦呼吸停止或心跳停止数分钟，机体就可能死于缺氧。

在火灾现场，由于易燃物品的燃烧，导致空气中氧气浓度急剧下降，人在这种低氧环境中，短时间内就会造成呼吸障碍、失去理智、痉挛甚至死亡。人缺氧短时间致死的氧含量为 6%，具体浓度变化对人体危害如表 3-4 所示。

表 3-4　空气中 O_2 浓度的变化对人体影响

O_2 浓度范围	对人体影响
等于 21%	正常状态
17%～21%	运动协调能力发生障碍
15%～17%	肌肉活动能力下降、身体疲劳
14%～15%	肌肉活动能力下降
10%～14%	四肢无力、智力混乱、辨不清方向
6%～10%	发生昏倒
<6%	短时间内会因缺氧而窒息死亡

（4）颗粒物。

火灾烟气中通常含有大量直径为几微米到几十微米的悬浮性含碳颗粒，肉眼不可见，粒径超出可见光波长的两倍，对可见光有遮蔽作用，能使火场能见度降低，使逃生和救援人员行动减缓，增加心理恐惧感，吸入这些气体会给呼吸道带来极大的伤害。

3.2　隧道火灾烟气流动扩散原理

隧道火灾发生在受限空间，具有受限空间火灾特性，但与受限空间不同的是隧道在长度方向上的尺度远大于高度和宽度方向的尺度，除了两端出入口，隧道一般无其他通风口，使得隧道火灾的发展及火灾烟气的传播具有特殊性。李立明[62]根据 Delichatsios（1982）、Kunsch（2002）研究，在考虑单一火源的情况下，总结了隧道火灾发展的三个阶段：

（1）轴对称羽流的形成阶段。

隧道火灾在发展初期，如同开敞空间的自由燃烧，火灾产物在浮力驱动下向上传播，并不断卷吸周围的新鲜空气，形成轴对称羽流。

（2）轴对称羽流向一维羽流的转变阶段。

轴对称羽流向上传播至隧道顶棚时，与顶棚发生相互作用，形成顶棚射流，这个过程发生的区域即转变区。随着顶棚射流沿隧道顶棚向周围扩散，烟气层撞击隧道侧墙，并完成由顶棚射流的轴向传播向着沿隧道长度方向的一维传播的转变过程。在这个过程中，火灾烟气经历了一个由超临界状态到低临界状态再到临界状态转变的过程，即水跃现象。

（3）一维烟羽流传播阶段。

完成上述转变后，火灾烟气将沿隧道顶棚向隧道开口方向传播，形成上部的热烟气层；同时新鲜的空气从隧道开口进入，在热烟气层底部向火源运动，形成下部的冷空气层。分层现象是隧道火灾烟气传播的一个特点。由于隧道长度远大于其高度和宽度，因此，此时烟气的传播过程可以看作一维的传播过程。

3.2.1　自然通风条件下的火灾烟气扩散

在没有受到隧道坡度、列车阻塞以及列车风的影响下，区间隧道火灾羽流未撞击隧道壁面之前的发展特征与自由空间羽流的发展特征相似，自然通风隧道的火灾羽流按照自然空间羽流考虑，Heskestad[63]对自然空间羽流建立如下假设：

（1）火源假定为弱羽流。

（2）火源断面为圆形或者矩形。

（3）羽流在不同高度处的温度和速度分布具有相似性。

（4）羽流各断面处的温度和速度分布为"顶帽型"。

空间的羽流发展特征如图 2-2 所示。根据上述假设，Heskestad

对其建立了质量、动量、能量守恒方程，得到自然空间羽流半径、质量流量和中心速度的数学表达式：

$$b = 0.12(T_p/T_0)^{1/2} Z \quad (3\text{-}4)$$

$$\dot{m}_p \propto \left(\frac{\rho_0^2}{C_p T_0}\right)^{1/2} Q^{1/3} Z^{5/3} \quad (3\text{-}5)$$

$$\Delta T_p \propto \left(\frac{T_0}{gC_p^2 \rho_0^2}\right)^{1/3} Q^{2/3} Z^{-5/3} \quad (3\text{-}6)$$

式中：b——羽流半径，m；

T_p——火羽流温度，℃；

T_0——周围环境温度，℃；

Z——羽流高度，m；

m_p——火羽流质量流量；kg/s；

C_p——比定压热容，kJ/（kg·K）；

Q——火源热释放速率，kW；

g——重力加速度，m/s^2；

ρ——气体密度，kg/m^3。

火灾烟气在沿隧道的传播过程中，由于与隧道环境的热交换，温度会逐渐衰减，许多学者对此做了相关研究。Delichatsios[64]最早通过研究确定烟气在建筑顶棚下两个相邻挡烟垂壁间的传播机理，给出了火灾烟气沿隧道长度方向的分布；中国科学技术大学胡隆华[13]做了多组全尺寸隧道火灾试验，更好地验证和丰富了前人的相关理论，通过理论推导得到关系式。其中 $K_1=1$，K_2 中的换热系数包含对流换热系数和辐射换热系数两部分，利用平板层流中 $h_c \propto \sqrt{v}$ 的关系式，得到 K_2 的表达式如式（3-7）和式（3-8）所示，所得关系式的预测结果与隧道火灾试验结果吻合度很高。

对于矩形截面隧道：

$$K_2 = \begin{cases} \dfrac{17.4\sqrt{v(W+2h)}+2h_r(W+h)}{C_p \rho v W h} \times 10^{-3}, & h < H \\ \dfrac{2(17.4\sqrt{v}+h_r)(W+h)}{C_p \rho v W h} \times 10^{-3}, & h = H \end{cases} \quad (3\text{-}7)$$

对于半圆顶截面隧道：

$$K_2 = \begin{cases} \dfrac{38.4\sqrt{vr}\arccos\dfrac{r-h}{r}+2h_r\left[\left(r\cdot\arccos\dfrac{r-h}{r}\right)+\sqrt{h(2r-h)}\right]}{C_p\rho v\left[r^2\arccos\dfrac{r-h}{r}-(r-h)\sqrt{h(2r-h)}\right]}\times 10^{-3}, & h<r \\ \dfrac{38.4\sqrt{vr}\pi+2h_r r(\pi+2)}{2\pi C_p \rho v_r}\times 10^{-3}, & h=r \end{cases}$$

（3-8）

式中：v——火灾烟气沿隧道方向上的流速，m/s；

W——隧道宽度，m；

h——一维烟羽流区烟气层厚度，m；

h_r——辐射传热系数，W/（m²·℃）；

r——隧道弧顶半径，m。

3.2.2　强迫通风条件下的火灾烟气扩散

在实际工程应用中，只有少量较短长度的隧道采取自然通风，我国多数新建隧道距离较长，无法利用自然通风和列车活塞风，大多数采用纵向机械通风方式。我国《铁路隧道防灾疏散救援工程设计规范》（TB 10020—2017）[5]中规定：紧急出口、避难所或紧急救援站，应当设置机械加压防烟设施，防烟系统的余压值应为 40~50 Pa。在火灾情况下，强迫纵向通风能够具备背着乘客疏散方向排烟，迎着乘客疏散方向送风的能力。李立明[62]考虑了参考位置 x_{ref} 及参考位置温升 ΔT_{ref} 为最大烟气温度位置及最大烟气温升，将隧道纵向通风及火源功率的影响引入温度衰减模型。通过对其他学者的理论公式推导，他得到强迫纵向通风条件下隧道内火灾烟气温度沿隧道纵向的衰减模型：

$$\dfrac{\Delta T}{\Delta T_{max}} = \begin{cases} \exp[-St(2\phi+20.3\phi^{-1})\cdot(x-x_{max})/H] & \text{矩形隧道} \\ \exp\{-St[2\phi+20.3(\phi-0.11)^{-2}]\cdot(x-x_{max})/W\} & \text{弧顶隧道} \end{cases}$$

（3-9）

上述公式的不足之处在于假设火灾烟气层厚度始终不变，一直处于一维羽流传播阶段起始位置厚度，但实际过程中烟气层的厚度会发生变化，烟气层增厚会影响其与隧道壁面间的换热过程。李立明对上式进行修正，通过拟合得到下式：

$$\frac{\Delta T}{\Delta T_{\max}} = \begin{cases} \exp[-0.008\,6(x-x_{\max})/d], & 0 < (x-x_{\max})/d \leqslant 50 \\ 3.5[(x-x_{\max})/d]^{-0.43}, & 50 < (x-x_{\max})/d \end{cases} \quad (3\text{-}10)$$

上式可以预测强迫通风下火灾烟气温度沿隧道纵向的衰减，计算出最大烟气温度下游的烟气分布。

3.3 救援站火灾烟气流动数值计算方法

3.3.1 控制方程

铁路隧道救援站内的烟气流动是三维、非稳态、可压缩的湍流流动。烟气的流动要基于连续性方程、动量守恒方程、能量守恒方程、组分守恒方程以及理想气体状态方程等多个控制方程。各控制方程的形式如下所示。

（1）连续性方程。

$$\frac{\partial \rho}{\partial t} + \mathrm{div}(\rho \boldsymbol{U}) = 0 \quad (3\text{-}11)$$

（2）动量守恒方程。

X、Y、Z 方向的动量方程分别为：

$$\frac{\partial(\rho u)}{\partial t} + \mathrm{div}(\rho u \boldsymbol{U}) = \mathrm{div}(\mu \bullet \mathrm{grad} u) - \frac{\partial p}{\partial x} + S_{Mx} \quad (3\text{-}12)$$

$$\frac{\partial(\rho v)}{\partial t} + \mathrm{div}(\rho v \boldsymbol{U}) = \mathrm{div}(\mu \bullet \mathrm{grad} v) - \frac{\partial p}{\partial y} + S_{My} \quad (3\text{-}13)$$

$$\frac{\partial(\rho w)}{\partial t}+\operatorname{div}(\rho w\boldsymbol{U})=\operatorname{div}(\mu\cdot\operatorname{grad}w)-\frac{\partial p}{\partial z}+S_{Mz} \qquad (3\text{-}14)$$

（3）能量守恒方程。

$$\frac{\partial(\rho i)}{\partial t}+\operatorname{div}(\rho i\boldsymbol{U})=\operatorname{div}(k\cdot\operatorname{grad}T)-p\cdot\operatorname{div}\boldsymbol{U}+\varPhi+S_i \qquad (3\text{-}15)$$

（4）组分守恒方程。

$$\frac{\partial(\rho Y_i)}{\partial t}+\frac{\partial(\rho uY_i)}{\partial x}+\frac{\partial(\rho vY_i)}{\partial y}+\frac{\partial(\rho wY_i)}{\partial z}=\operatorname{div}(D_i\operatorname{grad}Y_i)+m_i^m$$

$$(3\text{-}16)$$

（5）理想气体状态方程。

$$P=\rho R_{\mathrm{g}}T \qquad (3\text{-}17)$$

式中：ρ——密度；

t——时间；

$\boldsymbol{U}$——速度矢量，其中 u、v、w 分别为 x、y、z 方向的速度分量；

p——压力；

i——流体内能；

k——流体导热系数；

T——流体温度；

S_{Mx}、S_{My} 和 S_{Mz}——流体源；

S_i——热源；

m_i^m——单位体积内第 i 种组分的质量生成率，kg/（m³·s）；

D_i——i 组分质量扩散系数，m²/s；

Y_i——i 组分体积分数；

R_{g}——气体常数。

3.3.2 湍流模型

湍流是一种最普遍的流体流动方式，经过近几十年的发展，出现了大量的湍流模型，用于工程上对湍流进行数值计算。目前，工程上普遍采用的湍流数值计算方法可以分为直接模拟（DNS）、大涡模拟（LES）以及雷诺时均方程（RANS）三大类。各类湍流模型的特点如下：

3.3.2.1 直接求解

直接求解是用三维非稳态 N-S 方程对湍流进行直接数值计算的方法。要对复杂的湍流流动进行直接的数值计算，必须采用很小的网格尺寸和时间步长，才能够分辨出湍流中详细的流动变化情况。例如，要对湍流中的一个涡旋进行数值计算，至少要设置 10 个网格节点，这样对于在一个小尺度范围内进行的湍流流动，在 $1\ cm^3$ 的流场中需要布置 10^5 个节点。目前，只有使用超级计算机才能对一些简单的湍流流动进行直接数值求解，因此，直接数值求解的方法还无法用于真正意义上的工程计算。

3.3.2.2 大涡模拟

按照湍流的涡旋学说，湍流的脉动与混合主要是由大尺度的涡旋造成的。大尺度涡从主流中获得能量，然后通过相互作用把能量传给小尺度的涡。小尺度涡的主要作用是耗散能量。大涡模拟这种方法就是对大于网格尺寸的涡使用三维非稳态 N-S 方程直接求解，而对于小尺度的涡则使用亚格子模型来近似求解。由于大涡模拟只对大于网格尺寸的涡进行直接数值求解，其对计算机资源的要求远远低于直接求解，但对计算机内存和性能要求仍然较高，目前在工程上的应用还不是很广泛。

3.3.2.3 雷诺时均方程

虽然瞬时 N-S 方程可以描述湍流，但是 N-S 方程的非线性使得用解析方法精确描写三维时间相关的全部细节极其困难。从工程应用的角度来看，重要的是湍流所引起的平均流场的变化，是整体的效果。Reynolds 平均法的核心不是直接求解瞬时的 N-S 方程，而是想办法求解时均化的 Reynolds 方程，这样不仅可以避免 DNS 方法计算量大的问题，而且能够满足工程实践的应用要求，因此雷诺时均 N-S 方程是目前使用最广的湍流数值模拟方法。常用的雷诺时均模型有零方程模型、一方程模型、k-ε 两方程模型，其中 k-ε 两方程模型又有标准 k-ε 两方程模型、RNG k-ε 湍流模型、Realizable k-ε 模型和低 Re 数 k-ε 模型等。本章中采用低 Re 数 k-ε 模型对烟气流动进行模拟，因此这里仅对低 Re 数 k-ε 模型进行简单说明。

低 Re 数的流动主要体现在流体黏性底层，流体的分子黏性起着绝对的支配地位，因此必须对高 Re 数 k-ε 模型进行三方面修改，才能使其用于计算各种 Re 数的流动。具体修正为：为体现分子黏性的影响，控制方程的扩散系数项必须同时包括湍流扩散系数与分子扩散系数两部分；控制方程的有关系数必须考虑不同流态的影响，即在系数计算公式中引入湍流雷诺数 Re_t；在 k 方程中应考虑壁面附近湍动能的耗散不是各向同性这一因素。其具体表达形式如下：

$$\frac{\partial(\rho k)}{\partial t} + \frac{\partial(\rho k u_i)}{\partial x_i} = \frac{\partial}{\partial x_j}\left[\left(\mu + \frac{\mu_t}{\sigma_k}\right)\frac{\partial k}{\partial x_j}\right] + G_k - \rho\varepsilon - \left|2\mu\left(\frac{\partial k^{1/2}}{\partial n}\right)^2\right| \quad (3\text{-}18)$$

$$\frac{\partial(\rho\varepsilon)}{\partial t} + \frac{\partial(\rho\varepsilon u_i)}{\partial x_i} = \frac{\partial}{\partial x_j}\left[\left(\mu + \frac{\mu_t}{\sigma_\varepsilon}\right)\frac{\partial\varepsilon}{\partial x_j}\right] + \frac{C_{1\varepsilon}\varepsilon}{K}G_k|f_1| - C_{2\varepsilon}\rho\frac{\varepsilon^2}{k}|f_2| + \left|2\frac{\mu\mu_t}{\rho}\left(\frac{\partial^2 u}{\partial n^2}\right)^2\right| \quad (3\text{-}19)$$

$$\mu_t = C_\mu |f_\mu|\rho\frac{k^2}{\varepsilon} \quad (3\text{-}20)$$

式中：n——壁面法向坐标；

u——与壁面平行的流速。

在实际计算中，方向 n 可近似取为 x、y 和 z 中最满足条件的一个，速度 u 也做类似处理。系数 f_1、f_2、f_μ 的引入，实际上等于对标准 k-ε 模型中系数 $C_{1\varepsilon}$、$C_{2\varepsilon}$ 和 C_μ 进行修正，计算如下：

$$\left. \begin{aligned} &f_1 \approx 1.0 \\ &f_2 = 1.0 - 0.3\exp(-Re_t^2) \\ &f_\mu = \exp[-2.5/(1+Re_t/50)] \\ &Re_t = \rho k^2/(\eta \varepsilon) \end{aligned} \right\} \qquad (3\text{-}21)$$

在上述方程中，除了对标准 k-ε 模型中有关系数进行修正外，Jones 和 Launder 的模型在 k 和 ε 的方程中还各自引入了一个附加项。k 方程中的附加项是为了考虑在黏性底层中湍动能的耗散不是各向同性这一因素而加入的。

在使用低 Re 数 k-ε 模型进行流动计算时，充分发展的湍流核心区及黏性底层均用同一套公式计算，但由于黏性底层的速度梯度大，因此黏性底层的网格要密集一些。

3.3.3 燃烧模型

由于火灾中可燃物组分变化很大，总的热值难以确定，而且燃烧也不完全，燃烧的效率因子难以确定。关于火灾热释放速率的测量和计算有三种方式：自然空间火灾热释放速率延伸测量、燃料质量损失速率测量和量热计测量。

隧道火灾初期热释放速率的变化按照指数规律增长，大体上分为超快速型、快速型、中速型和慢速型四种，如图 3-2 所示。随时间的变化规律一般采用 t^2 模型来描述，NFPA 指出早期火灾增长规律为：

$$Q = \alpha \cdot t^2 \qquad (3\text{-}22)$$

式中：Q—— 热释放速率，kW；

t—— 时间，s；

α—— 火灾增长系数，kW/s^2。

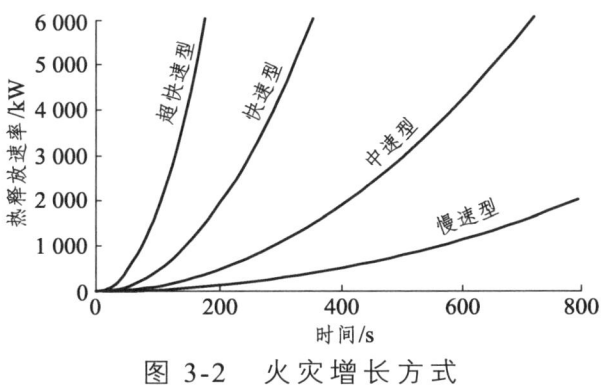

图 3-2　火灾增长方式

3.3.4　辐射模型

气体辐射传热计算的准确性取决于所采用的气体辐射模型与辐射传输方程的求解方法。由于辐射传输方程具有积分-微分性质，求解方法也可分为与辐射特性模型相对应的两种情况，即直接求解用吸收系数表示的辐射传递方程或者将辐射传递方程重新写成透过率的形式（即积分形式）进行求解。常用的方法主要有区域法、蒙特卡洛法、球谐法、离散传递法、离散坐标法、有限体积法等。由于离散坐标法（DOM）具有易于实现程序编制，易于移植到现有的传热程序并与流动方程联立求解，可以通过角度方向和空间节点数目的扩展得到要求精度，可以处理辐射特性参数随空间变化及复杂几何形状、散射、多维问题等优点，在近几年来的工程应用中越来越受到重视。DOM 辐射模型是将辐射强度的连续球分布用一系列固定角度方向（称为离散坐标）上的辐射强度来表示，并将辐射强度在角度方向上的积分用数值求和代替的一种方法。

实际火灾中高温烟气中的水蒸气、二氧化碳等气体具有较强的辐射能力，在隧道火灾烟气蔓延特性计算时，气体热辐射对隧道内温度分布影响较大，特别是对隧道顶部壁面温度的影响。因此，热辐射计算不可忽略，可采用 DOM 辐射模型进行火灾的模拟计算。

3.4 救援站火灾烟气流动数值计算软件

能够模拟隧道火灾的软件较多,如 FDS、STAR-CCM+、FLUENT 等。本书采用 STAR-CCM+(Computational Continuum Mechanics)软件建立高速铁路隧道救援站火灾烟气流动数值计算模型。

STAR-CCM+采用了最先进的连续介质力学数值技术,不仅可以进行流体分析,还可进行结构等其他物理场的分析,并且可和现代软件工程技术结合在一起。STAR-CCM+提供了世界上最全面的物理模拟的单一集成化环境,各种组件的集成可以在很大范围内满足各种各样的建模需求。这些组件包括:3D-CAD 建模;CAD 模块嵌入;表面处理、修复工具;网格自动生成技术;物理模型;湍流模型;后处理;CAE 集成。

STAR-CCM+软件操作界面友好,表面处理工具中的包面(Surface Wrapper)及表面重构(Surface Remesh)功能以及软件独创的网格自动生成技术为模型的建立与处理提供了便捷,大大节省了建模时间。另外,软件除对四面体网格(Tetrahedral)、六面体核心网格(Trimmed)等功能进行了拓展外,还增加了基于"蜂窝猜想"发展而来的多面体网格(Polyhedral)。与相同数量的四面体网格相比,多面体网格不仅计算结果更加精确,而且计算速度快了 3~5 倍。不止如此,STAR-CCM+在并行计算(HPC)上也有了巨大改进,不仅求解器可以并行计算,对前后处理也能通过并行来实现,用户只需指定相应的 CPU 数就可全面实行并行处理,大大提高了计算和分析效率。而且,STAR-CCM+在计算过程中可以实时监控分析结果(如标量、矢量和结果统计图表等),同时它还具备工程问题后处理数据方面的高度实用性、流体分析的高性能化、分析对象的复杂化等特点。

3.5 救援站火灾烟气流动数值计算模型

3.5.1 救援站工程概况

平安隧道连接成都至兰州铁路，为双洞分修隧道，其中左线里程为 D8K151+760～D9K180+186，全长 28.426 km，右线里程为 YD8K151+735～YD9K180+136，全长 28.401 km，属于特长隧道。在隧道左线 D8K165+320～870 处以及右线 YD8K165+320～870 处设置长度为 550 m 的救援站，救援站横通道数量为 11 个，横通道间距为 50 m，隧道顶部设置有机械排烟风道，单侧排烟风口数量为 5 个，其结构形式如图 3-3 所示。当着火列车停于救援站进行人员疏散及救援时，开启各竖井进行机械排烟，其排烟模式为半横向排烟模式。

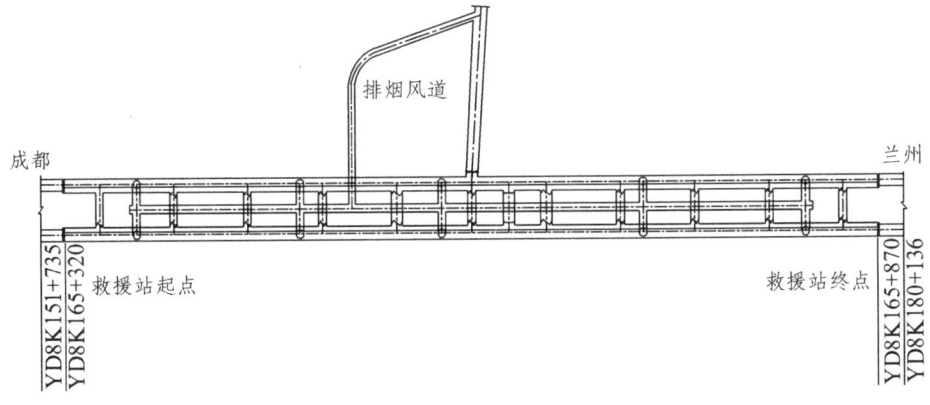

图 3-3 平安隧道平面图

3.5.2 救援站及列车计算模型

列车在隧道内发生火灾时，需要继续行进到救援站进行人员疏散，着火列车继续行进的速度为 80 km/h。采用数值计算方法进行隧道火灾烟气蔓延特性研究时，由于隧道长度太长，为了减少计算量，需要对隧道模型进行简化。可以按如图 3-4 所示的模式进行简化，隧道计算模型总长为 2 070 m，计算列车采用三车编组，总长 85 m。

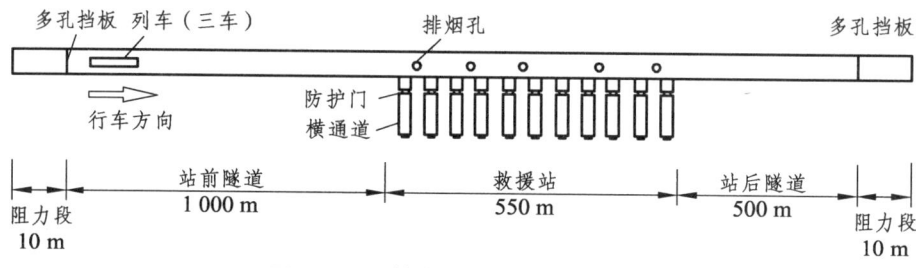

图 3-4　救援站模型示意图

列车车厢发生火灾时，车内人员首先向相邻车厢转移，然后关闭着火车厢两端端门。由于端门（车门）有 15 min 的防火能力，因此在 15 min 的计算时间内端门处于关闭状态，可以只考虑一节车厢着火。随着车厢内温度升高，列车车窗玻璃将破裂，但由于模型中救援站前端隧道只有 1000 m 左右，列车行驶时间大约 45 s，因此不可能模拟车窗破裂的过程，此时可以在模拟计算时将着火车厢车窗打开，而车门在列车运动过程中处于关闭状态，待行至救援站停车时再打开。

根据平安隧道结构、火灾疏散方案以及上述假设，可以建立如图 3-5 所示计算模型，图 3-6 为救援站内部结构图，图 3-7 所示为救援站横通道防护门。列车模型可采用三车编组，且忽略列车受电弓、风挡、转向架等结构，如图 3-8 所示。

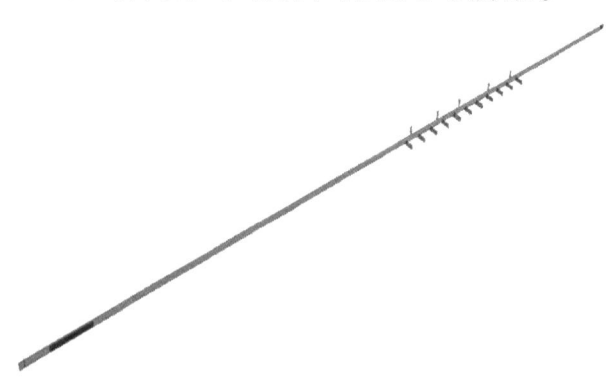

图 3-5　铁路隧道救援站模型全图

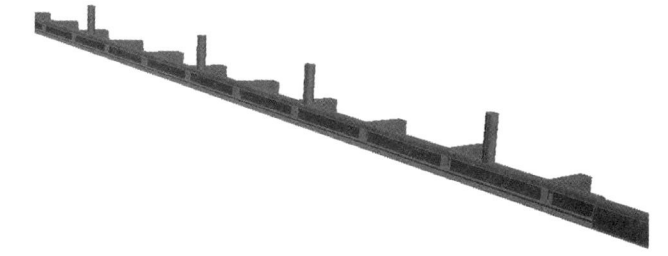

图 3-6　救援站内部结构

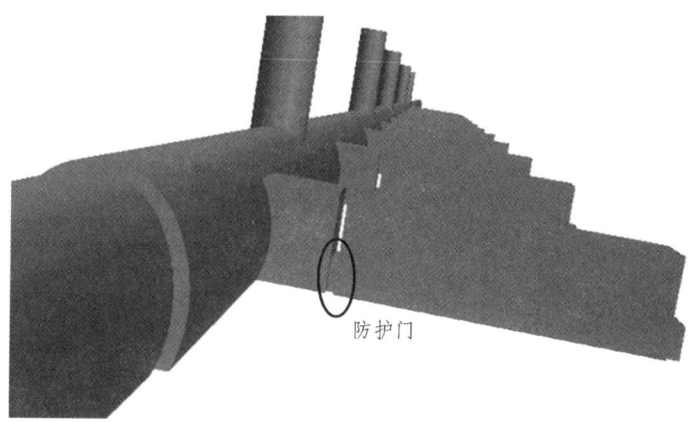

图 3-7　横通道防护门局部图

图 3-8　高速列车列车模型

3.5.3　列车火灾燃烧及辐射模型

3.5.3.1　火灾热释放速率

如前所述，隧道内自然发展的火灾一般采用 t^2 模型来描述，在 STAR-CCM+ 中，火源热释放速率设置如图 3-9 所示。

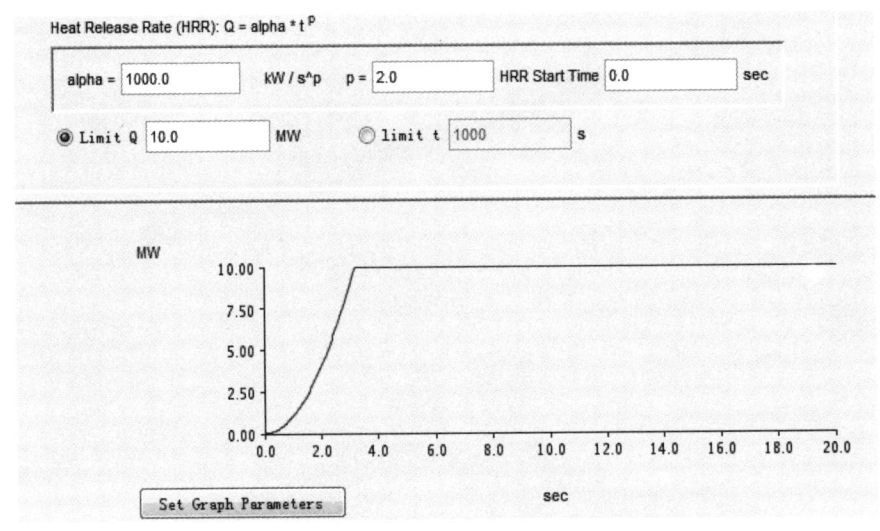

图 3-9 火源热释放速率设置

3.5.3.2 产烟量和燃烧热

隧道列车火灾的实际燃烧特性一般由可燃物类型及通风条件等因素共同决定，而可燃物燃烧产生的烟气成分比较复杂，软件并不能完全模拟真实的燃烧反应过程。对救援站火灾烟气蔓延特性研究的重点在于烟气分布及温度分布规律，因此软件中仅对产烟量和燃烧热进行设置，具体参数设置如图 3-10 所示，其中 Soot Yield 为产烟量，Heat of Combustion 为单位质量燃料的燃烧热。

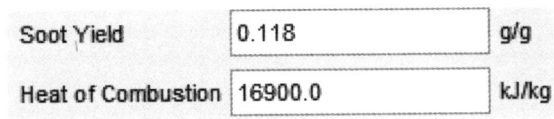

图 3-10 产烟量和燃烧热设置

3.5.3.3 烟尘的质量消光系数

火灾场景下人员逃生与逃生路径上的能见度密切相关。研究表明：当路径上能见度小于 10 m 时将严重威胁人员的生命安全，因此必须将隧道内的能见度控制在安全范围内。列车在隧道内发生火灾后，燃烧产生大量烟气，烟气在空间内四处蔓延，其消光作用使得隧道内的能见度降低。STAR-CCM+可以通过设置烟尘的质量消光系数来计算隧道内的能见度。能见度定义如下：

$$S=C/K \tag{3-23}$$

式中：S——能见度，m；

C——常数，与透过的光源类型有关，发射光源取 8，反射光源取 3；

K——消光系数，m^{-1}。

烟尘颗粒的质量消光系数由可燃物材料的性质决定，STAR-CCM+中烟尘颗粒的质量消光系数默认值为 8.7 m^2/g，如图 3-11 所示。

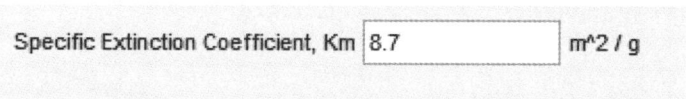

图 3-11 烟尘的质量消光系数设置

3.5.3.4 辐射模型

STAR-CCM+软件采用 DOM 辐射模型进行火灾的模拟计算。

3.5.4 计算域、网格及边界条件

3.5.4.1 火源尺寸

对于火源尺寸，目前还没有明确的规定，可以参考欧洲隧道防火计划（UPTUN）推荐的火源尺寸进行选取，如表 3-5 所示。

表 3-5 欧洲隧道防火计划推荐火源尺寸

类型	数量	火灾负荷/MW	尺寸/（m×m×m）
汽车	1	5	4.0×2.0×1.5
小型货车	1	10	4.0×2.0×2.0
公共汽车	1	20	8.0×2.8×3.0
卡车	1	50	6.0×2.8×3.0

我国《铁路隧道防灾疏散救援工程设计规范》(TB 10020—2017)规定,列车火灾热释放速率可分别取 10 MW、15 MW 以及 20 MW。此时,火源位于着火列车内部,列车截面尺寸为 3.3 m×3.4 m。由于在列车运行模拟时需要设置重叠网格区域,因此需综合欧洲隧道防火计划(UPTUN)推荐值并做适当调整,这里将火源尺寸设定为 8 m×2 m×2 m。

考虑到列车的运动,数值计算需要设置有 3 个计算域,分别是隧道、列车、火源,其中列车和火源是可运动的,隧道是静止的。另外,STAR-CCM+采用重叠动网格技术实现对列车的运行进行模拟,各区域间有重叠,分别是列车与隧道重叠、火源与隧道重叠、火源与列车重叠,如图 3-12 所示。

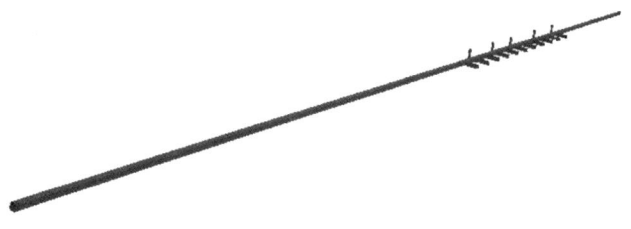

(a)隧道背景域

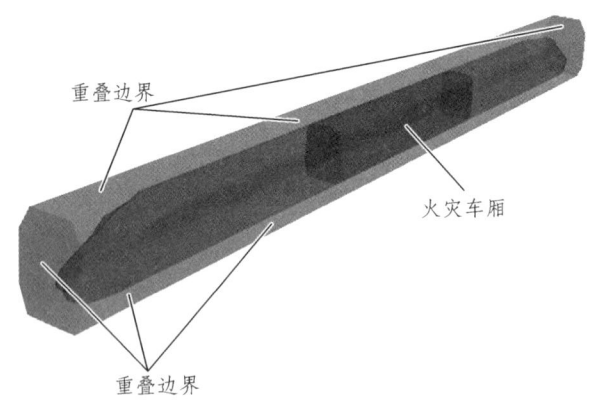

(b)列车重叠域

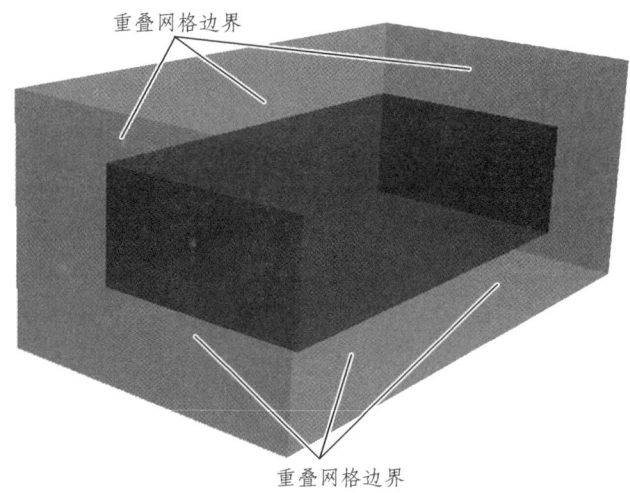

（c）火源重叠域

图 3-12 计算域划分

3.5.4.2 网格划分

在使用 STAR-CCM+进行列车火灾模拟时，需要使用足够小的网格尺寸来反映隧道烟气流动，但软件并没有给出火源网格尺寸的划分原则。可参考火灾动态模拟软件 FDS 推荐值。FDS 火源网格尺寸定义如下：

$$D^* = \left(\frac{Q}{\rho_0 C_p T_0 \sqrt{g}} \right)^{2/5} \quad (3\text{-}24)$$

式中：D^*——火源特征直径，m；

Q——火灾热释放速率，kW。

将列车火源热释放速率 10 MW、15 MW 及 20 MW 分别带入式（3-24）计算出火源特征直径为 2.5 m、2.9 m 和 3.3 m。而在 FDS 使用手册中推荐的火源网格尺寸为 $0.06D^* \sim 0.25D^*$，若取火源网格尺寸为 0.2 m，则分别对应于 $0.08D^*$、$0.07D^*$、$0.06D^*$，在 FDS 使用手册中所推荐的火源网格尺寸范围内，因此可以将火车厢内火源网格尺寸为 0.2 m。

使用重叠动网格技术对着火列车继续运行时的火灾烟气蔓延特性进行动态计算时，网格类型可以采用多面体网格，火源网格尺寸为设为 0.2 m（保证在火源宽度和高度方向有 10 层网格）。此外，需要对一些特殊结构及区域进行网格加密：

（1）对火源附近进行适当的网格加密，确保火源附近的流场能够反映烟气流动规律。

（2）对列车表面进行加密，可以保持列车表面的形状，以确保列车的气动性能，网格尺寸为 0.075 m。

（3）对列车运行区域网格进行加密。最后生成网格如图 3-13 及图 3-14 所示。

图 3-13　列车体网格生成

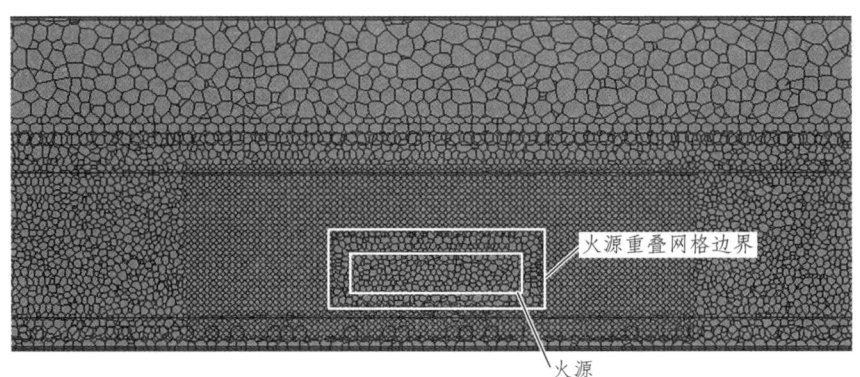

（a）火源体网格加密

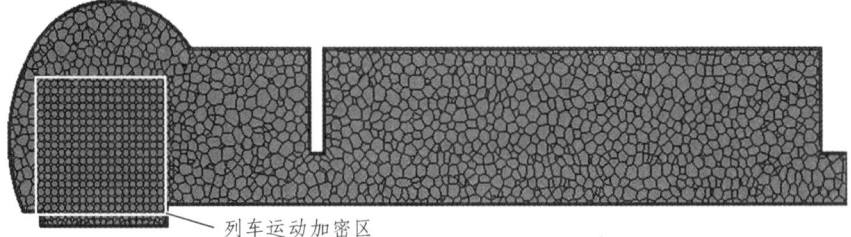

（b）救援站横通道截面网格

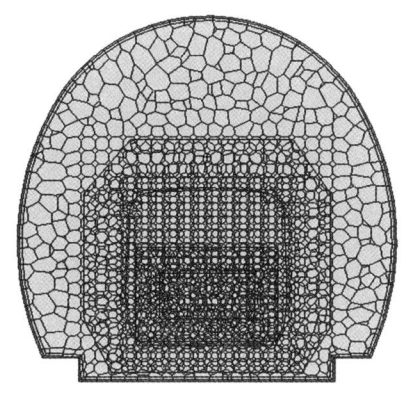 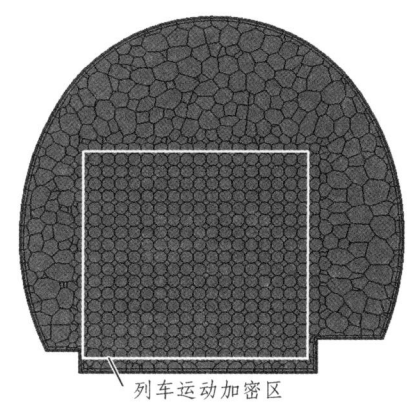

（c）列车初始位置隧道截面网格　　（d）救援站截面网格

图 3-14　隧道各截面网格

3.5.4.3　边界条件

在实际隧道结构中通常含有衬砌结构，衬砌内壁与空气进行对流和辐射换热，而衬砌外壁与土壤接触。由于隧道外土壤覆土层较厚，受外界影响较小，温度近似为恒定值，近似认为衬砌外壁为恒温壁面，可以采取使用等效对流换热系数的方法，建立空气层与土壤之间的联系，即在隧道壁面采用第三类边界条件。而隧道壁面与流体的对流换热系数 h，可以首先建立无衬砌的救援站计算模型，设置不同的 h 值，通过与含衬砌模型隧道顶部纵向温度分布规律计算结果对比，最后得到不同火源热释放速率所对应的 h 值。火源热释放速率 10 MW、15 MW、20 MW 时的计算结果如图 3-15～图 3-17 所示。

此外，还需要设置的边界条件有：隧道内初始环境温度、隧道表面发射率、表面粗糙高度、横通道端部防护门的速度入口边界、隧道顶部排烟口的速度出口边界、隧道两端的压力出口边界。

3.5.4.4　隧道活塞风的影响

实际运行中，列车运行产生的活塞风对救援站火灾烟气分布是有影响的，因此需要确定活塞风在隧道内对烟气影响的距离。

列车在隧道内着火后首先以 80 km/h 的速度匀速运行，至距离停靠位置时开始制动减速运行，制动停车时加速度为 -1.2 m/s^2。针对平安隧道，为了分析不同位置火灾的烟气特性，对列车三种停靠位置的烟气特性进行了研究，如图 3-18～图 3-20 所示，其中着火列车停靠在位置 1 时火源正对着 2 号横通道，停靠在位置 2 时火源位于 3 号排烟口正下方，停靠在位置 3 时火源正对着 7 号横通道，且处于 3、4 号排烟竖井正中间。

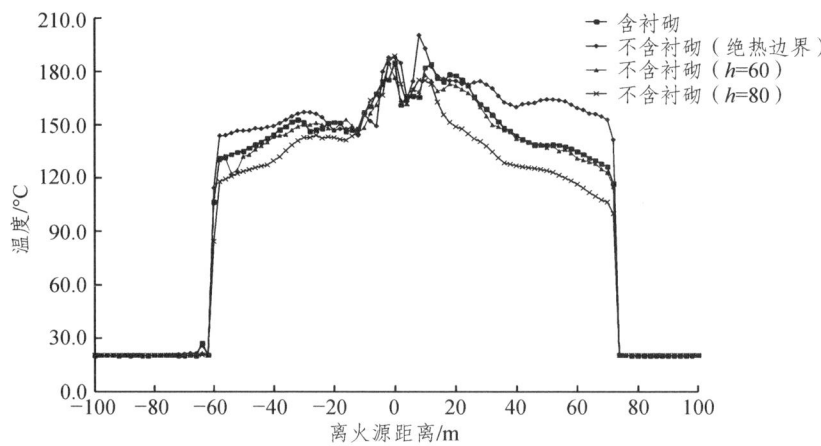

图 3-15　源热释放速率为 10 MW 时救援站顶部温度分布

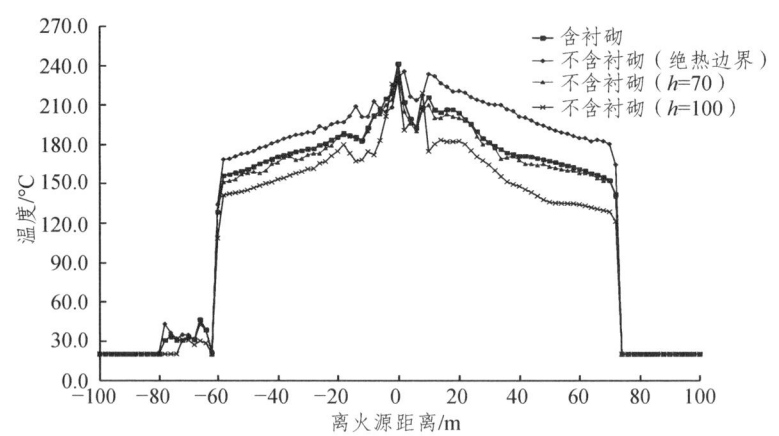

图 3-16　源热释放速率为 15 MW 时救援站顶部温度分布

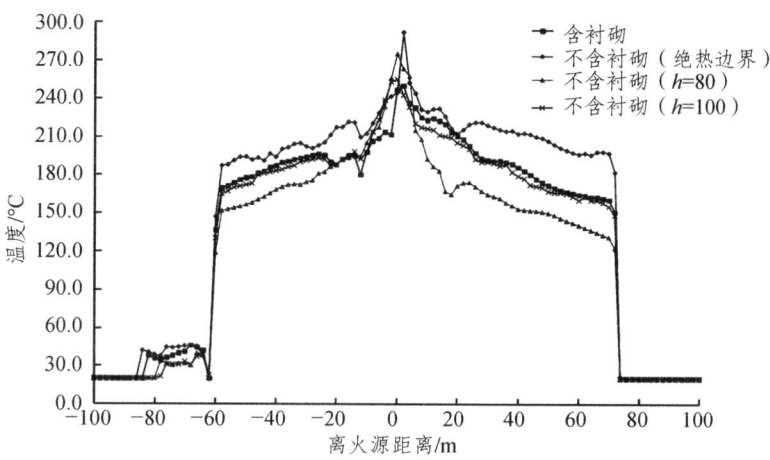

图 3-17　源热释放速率为 20 MW 时救援站顶部温度分布

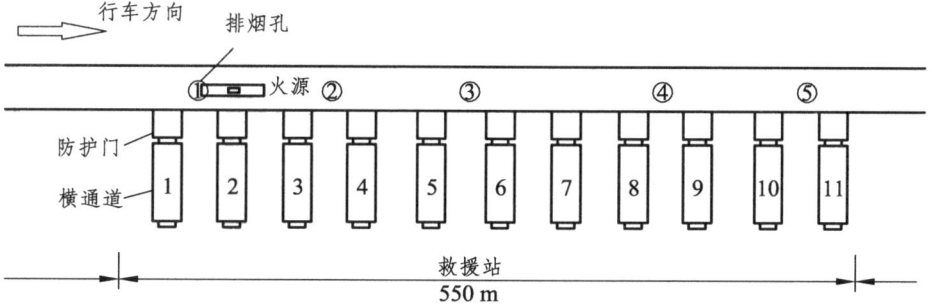

图 3-18　车停靠位置 1 示意图

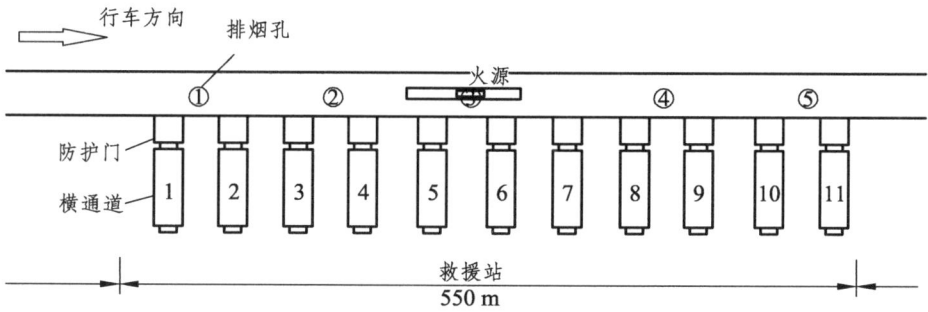

图 3-19　车停靠位置 2 示意图

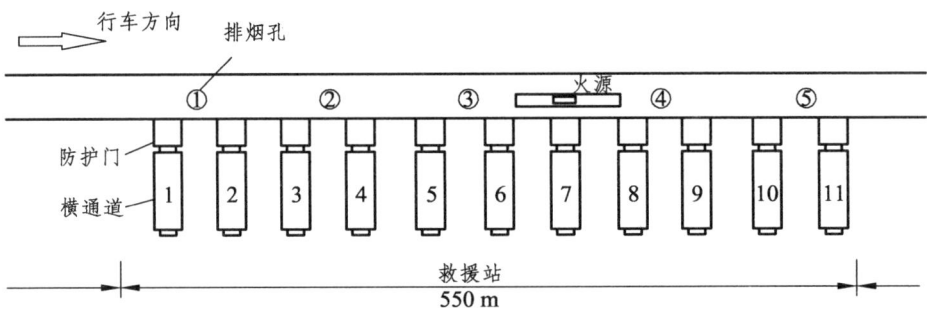

图 3-20 车停靠位置 3 示意图

着火列车三种位置工况下的运行时间如表 3-6 所示。

表 3-6 列车运行时间表

工况	匀速运行时间/s	运行距离/m	减速运行时间/s	运行距离/m	总运行距离/m
位置 1	35	777	18.5	205.4	982.4
位置 2	43	957.4	18.5	205.4	1 162.7
位置 3	46	1 027.2	18.5	205.4	1 232.5

着火列车在隧道内继续运行至救援站停车救援时，若考虑隧道内活塞风惯性作用对火灾烟气、温度分布的影响，则需要准确模拟出列车运行所产生的活塞风。由于模型隧道长度有限，不可能与实际隧道的阻力一致，模拟中可以通过在模型隧道两端设置多孔挡板来增加阻力，确保模拟的活塞风与实际隧道中列车运行所产生的活塞风相等，多孔挡板阻力计算如下：

$$\Delta P = \rho(\alpha|V_n| + \beta)V_n \quad (3-25)$$

式中：α——惯性阻力系数；

β——黏性阻力系数。

活塞风模拟计算时通过改变 α 的大小（忽略 β，即 $\beta=0$）来调整隧道阻力，并可结合一维计算软件 SES、活塞风经验公式[25]，最后计算出 α 的值。活塞风经验公式如式（3-26）~（3-29）所示。对于平安隧道，计算结果如表 3-7 所示，对比 SES 和公式计算结果，最后确定 α 的值为 15。

$$v_{\mathrm{m}} = \frac{v_{\mathrm{t}}}{1+\sqrt{\frac{\varepsilon_{\mathrm{m}}}{k_{\mathrm{m}}}}} \quad (3\text{-}26)$$

$$k_{\mathrm{m}} = \frac{Nl_{\mathrm{t}}}{(1-\beta)^2} \quad (3\text{-}27)$$

$$\varepsilon_{\mathrm{m}} = 1.5 + \frac{\lambda(L_{\mathrm{t}}-l_{\mathrm{t}})}{d} \quad (3\text{-}28)$$

$$N = \frac{0.5\beta + \beta^2}{l_{\mathrm{t}}} + \frac{\lambda_{\mathrm{t}}\beta}{d_{\mathrm{t}}(1-\beta)} \quad (3\text{-}29)$$

式中：v_{t}——列车运行速度，m/s；

v_{m}——活塞风速，m/s；

k_{m}——活塞作用系数；

N——活塞作用常数；

ε_{m}——活塞风阻力系数；

β——阻塞比；

L_{t}——隧道长度，m；

l_{t}——列车长度，m；

λ——隧道与空气间的摩擦阻力系数；

λ_{t}——列车与空气间的摩擦阻力系数；

d——隧道断面当量直径，m；

d_{t}——列车断面当量直径，m。

表 3-7 活塞风计算结果（m/s）

SES 计算值	经验公式值	STAR-CCM+计算值	
		α	v
1.23	1.31	0	2.28
		8	1.70
		12	1.55
		15	1.28

列车以 80 km/h 的速度运行，列车活塞风模拟结果如图 3-21 所示，图 3-22 所示为列车停靠位置 1 工况下的活塞风变化曲线。

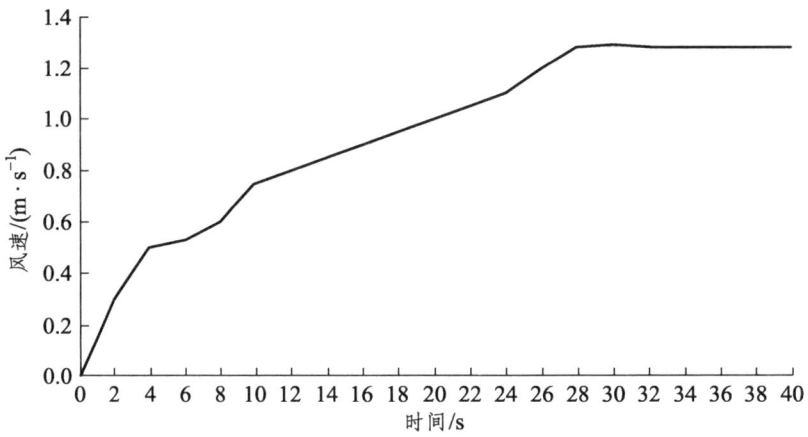

图 3-21　以 80 km/h 运行时活塞风变化曲线

从图 3-21 分析可知，当列车以 80 km/h 的速度匀速运行 28 s 后，隧道内活塞风趋于稳定，此时列车运行距离为 622 m，而列车初始位置距离救援站进站端 868 m，列车制动减速运行距离为 205.4 m，此时有（622+205.4）<868，说明救援站前端隧道长度取 1 000 m 时满足计算要求。

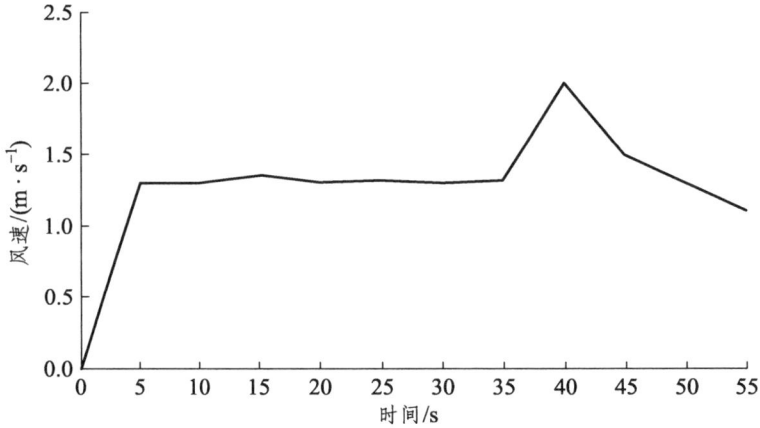

图 3-22　车停靠位置 1 工况下的活塞风变化曲线

图 3-22 中列车运行 35 s 后开始制动减速运行。减速运行初期，由于列车周围环形空间气流向列车运行方向流动，使得隧道内活塞风速略有增加，然后随着列车继续减速运行，活塞风慢慢衰减。

第 4 章　高速铁路隧道救援站烟气流动与控制

4.1　救援站火灾烟气控制方法

当隧道发生火灾时，对烟气流动进行合理、有效的控制和排除是确保人员安全疏散的关键。控制隧道火灾烟气内蔓延的方法包括两个方面：防烟和排烟。防烟是指采取一定的措施把烟气阻挡或控制在某个限定区域，使其无法或尽量少地蔓延到人员疏散的区域，以确保人员安全；排烟是指采用通风手段，将烟气沿着对人或物没有危害的渠道排到隧道外部，使疏散人员、救灾人员不被烟火所困，减少人员的伤亡和财产损失。

烟气在蔓延过程中会不断卷吸周围的空气促进燃烧，增加烟气的总量，因此防排烟装置的安装位置越靠近起火点，越有助于控制烟气的蔓延。但隧道内起火点的位置具有不可预见性，而且防排烟系统需要结合实际工程需要进行布置。一般工程中采用挡烟垂壁、自然排烟、机械防烟排烟等方式对烟气进行控制，以保证隧道内人员的安全疏散和救援。

4.1.1　挡烟垂壁

在防火分区的边界区域设置挡烟阻隔设施，阻止烟气越过障碍继续蔓延扩散，在火灾发展初期对于阻止烟气向外蔓延扩散的效果十分明显，但随着烟气浓度的不断累积，如果没有及时开启排烟设备，烟气将蔓延扩散至挡烟隔断外侧，影响人员疏散。

在隧道火灾中，烟气阻隔装置主要有挡烟垂壁和挡烟梁两类。挡烟垂壁按照活动方式又分为固定式和电动式，其结构形式如图 4-1 所示。挡烟梁是指建筑物中钢筋混凝土梁或钢梁作挡烟梁，挡烟梁应突出顶棚不小于 500 mm。挡烟阻隔装置只是一种被动的防烟措施，还需要配合防排烟系统，效果才能更理想。

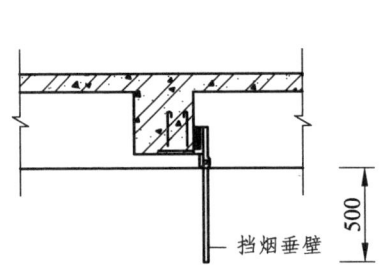

（a）固定式挡烟垂壁　　　　（b）电动式挡烟垂壁

图 4-1　挡烟垂壁示意图（单位：mm）

4.1.2　自然通风排烟

自然通风是指依靠隧道内外温度差、进出口水平大气压差造成的空气沿着隧道内流动的一种通风方式。自然通风不需要使用任何机械设备，节约能源。自然风风压的计算公式为[65]：

$$\Delta P = (1 + \xi_e + \lambda_r \frac{L_r}{D_r}) \frac{\rho}{2} v_n^2 \qquad (4\text{-}1)$$

式中：ΔP——隧道自然风风压，Pa；

ξ_e——自然风入口风井的损失系数；

λ_r——隧道沿程阻力系数；

L_r——隧道的长度，m；

D_r——区间隧道水力直径，m；

ρ——空气密度，kg/m³；

v_n——自然风引起的洞内风速，m/s。

自然风受空气湿度、大气压力、大气温度以及进出口自然风速等因素影响,具有不稳定性的特点,一般只适合短距离的隧道进行通风排烟,很少作为单独方式使用,而且在发生火灾时自然通风不能及时排除烟气,不适用于具备人员疏散要求的隧道,因此隧道内较少采用自然通风方式进行排烟。

4.1.3 机械通风防排烟

机械通风防烟排烟[66]是在隧道内使用,由风机、风道、竖(斜)井、排烟(送风)口、控制设备等部分或全部设施、设备组成的,用于排除火灾产生的烟和热气的固定通风系统。根据气流组织形式,隧道机械通风一般可分为纵向式、横向式和半横向式三种。

4.1.4 临界风速

在隧道发生火灾时,一般按照能够抑制烟气不发生回流的最小通风速度进行烟气控制,此时的风速即为临界风速。隧道火灾纵向烟气控制的重要参数有 Froude 数和 Richardson 数,这两个参数均表征烟气浮力与来流空气流动惯性力的比值,即均可作为临界风速的判断依据。Froude 数和 Richardson 数定义分别如下:

$$Fr_c = \frac{gH(\rho_0 - \rho_f)}{\rho_0 u_0^2} \quad (4-2)$$

$$v_c = \left(\frac{gQ_cH}{\rho_0 C_p T_f A}\right)^{1/3} \quad (4-3)$$

在 Froude 数和 Richardson 数以及其余参数可知的情况下,理论上可直接求出临界风速。早期学者认为在烟气不发生逆流时,Froude 数和 Richardson 数等于 1,而实际上通过其他学者验证,两者并不是一个常数,而是与隧道尺寸、火灾热释放速率以及阻塞效应等因素相关的参数,一般通过试验(模型试验、数值试验、全尺寸试验)进行确定。

Thomas[18]是最早开展隧道火灾纵向烟气控制研究的学者,他给出了能够抑制隧道火灾烟气不发生逆流的临界风速随火源功率的三分之一次方变化关系式:

$$\frac{v_c}{g} = \frac{\Delta T H}{T} \tag{4-4}$$

$$v_c = k\left(\frac{gHQ}{\rho_0 C_p A T}\right)^{1/3} \tag{4-5}$$

式中:Q——对流热释放速率,kW;

A——隧道横截面积,m²。

Li 等[67]针对不同截面的缩尺寸模型隧道,进行了一系列无水喷淋的火灾模拟试验,得到如下无量纲临界风速模型:

其中,无量纲热释放速率及临界风速定义如下:

$$v_c^* = \begin{cases} 0.81 Q^{*1/3}, & Q^* \leqslant 0.15 \\ 0.43, & Q^* > 0.15 \end{cases} \tag{4-6}$$

$$Q^* = \frac{Q}{\rho_0 C_p T_0 g^{1/2} H^{5/2}} \tag{4-7}$$

$$v_c^* = \frac{v_c}{\sqrt{gH}} \tag{4-8}$$

该模型在计算无列车阻塞下的临界风速时,具有较高的准确性,与全尺寸试验数据结果吻合较好。

4.2 列车静止救援站火灾烟气控制计算结果

4.2.1 计算工况

为了研究着火列车不同停靠位置、不同火源热释放速率、不同防护门处送风风速下的救援站火灾烟气蔓延特性，确定救援站隧道顶部排烟竖井的有效排烟风速，可以在最大火源热释放速率工况下（20 MW）进行计算，计算时防护门处的送风风速可根据我国《铁路隧道防灾疏散救援工程设计规范》（TB 10020—2017）要求的最小值进行选取，即 2.0 m/s。通过 SES 软件，我们可以计算得到救援站顶部排烟风速约为 2.5 m/s，为研究排风风速的影响效果，可分别增加 3.0 m/s 和 3.5 m/s 的计算工况，具体工况如表 4-1 所示。

表 4-1 顶部排烟风速研究时的计算工况表

工况	火源热释放速率/MW	防护门风速/(m·s^{-1})	排烟风速/(m·s^{-1})
位置 1	20	2.0	2.5
			3.0
			3.5
位置 2	20	2.0	2.5
			3.0
			3.5
位置 3	20	2.0	2.5
			3.0
			3.5

4.2.2 监测点布置

为确定火灾监测点位置，图 4-2 给出了救援站隧道各截面温度分布等值线图。从图中可知，隧道顶部烟气温度最高位置在 $z=8.0$，$y=0$ 附近，而不是在隧道最顶部，因为高温烟气与隧道壁面间有换热，降低了烟气温度。因此，救援站隧道顶部烟气温度监测点位置为 $z=8.0$ m，$y=0$ m。另外，人员逃生路径上的烟气温度监测点位可设置在救援站疏散站台的中心线上，高度为 2 m，即 $z=2.82$ m，$y=3.0$ m（隧道底面至救援站疏散站台表面垂直高度为 0.82 m）。

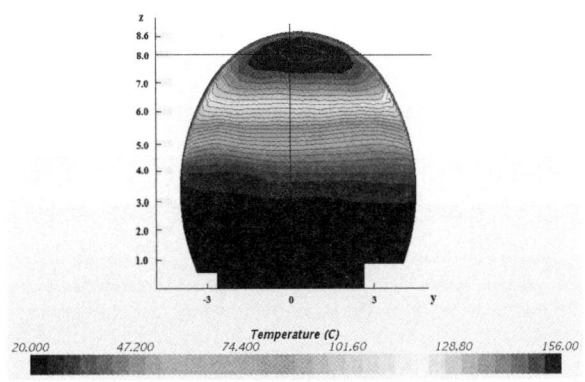

（a）无车截面

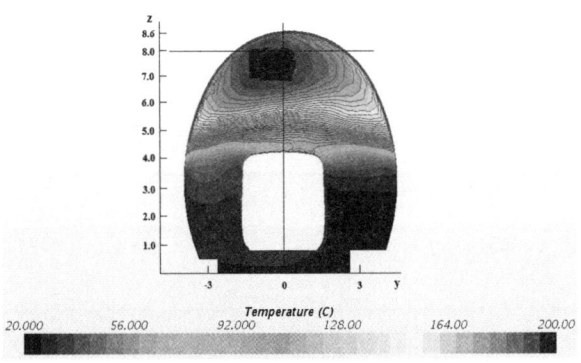

（b）有车截面

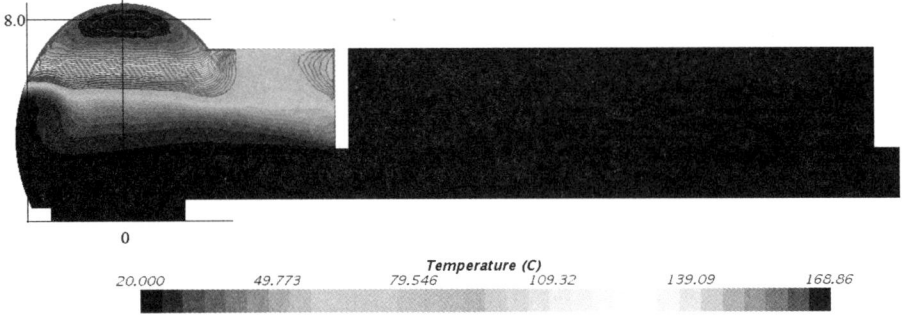

（c）横通道截面

图 4-2 救援站截面温度分布等值线图

4.2.3 计算结果及分析

4.2.3.1 着火列车停靠位置 1

当着火列车停靠在救援站位置 1 时，不同排烟风速下隧道顶部烟气温度分布如图 4-3 所示。

从图 4-3 中分析可知，当着火列车停靠在位置 1 时，不同排烟风速下隧道顶部纵向温度分布规律一致，但随着排烟风速增大，火源上方隧道顶部最高温度降低，排烟风速由 2.5 m/s 增加至 3.5 m/s，

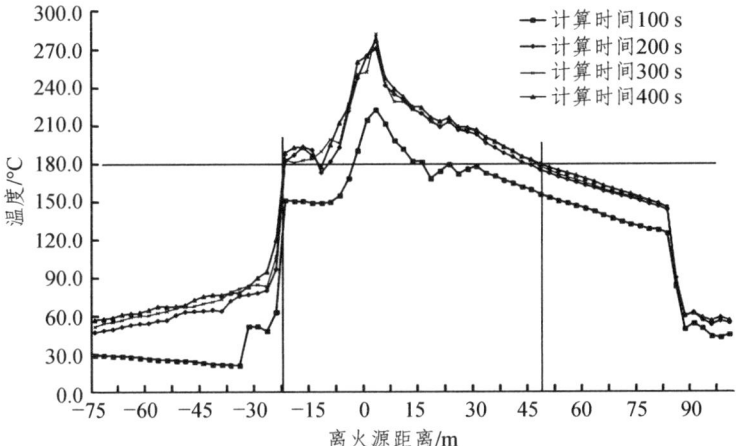

（a）位置 1 排烟风速 2.5 m/s 时隧道顶部温度分布

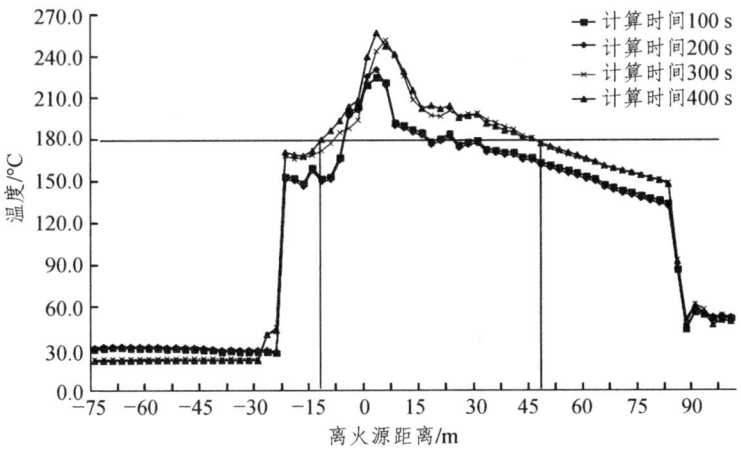

（b）位置 1 排烟风速 3.0 m/s 时隧道顶部温度分布

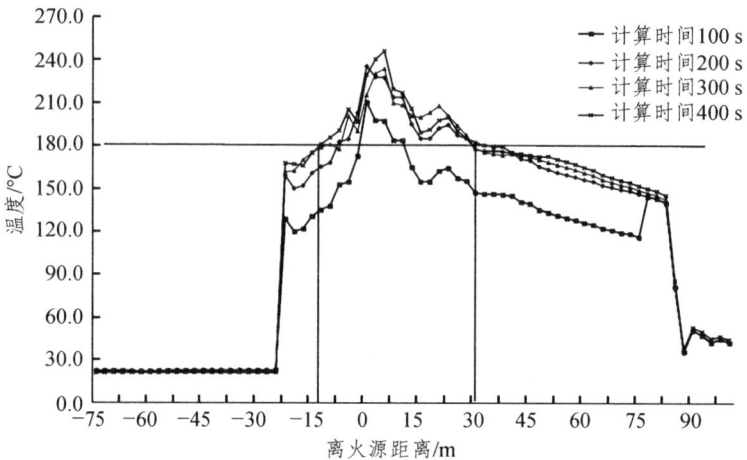

(c)位置1排烟风速3.5 m/s时隧道顶部温度分布

图4-3 位置1不同排烟风速下隧道顶部的温度分布

顶部最高温度由285 °C下降到245 °C，降低了14%。同时，排烟风速为2.5 m/s和3.0 m/s时火源右侧30 m外烟气最高温度大于180 °C，不满足辐射控制标准，而排烟风速为3.5 m/s时满足热辐射控制标准。

图4-4所示为着火列车停靠在位置1时，不同排烟风速下救援站疏散站台上人员高度2 m处的烟气温度分布曲线。

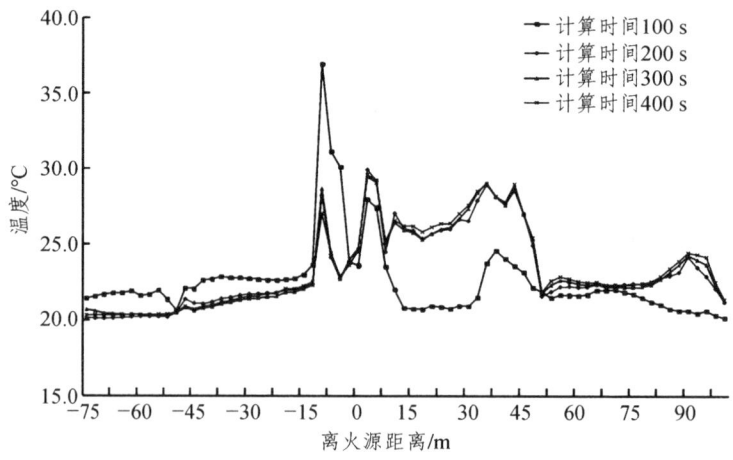

(a)位置1排烟风速2.5 m/s时人员高度2 m处温度分布

第 4 章 高速铁路隧道救援站烟气流动与控制

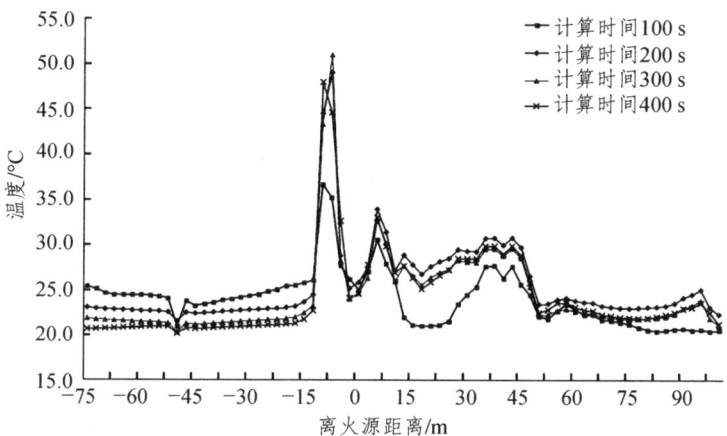

（b）位置 1 排烟风速 3.0 m/s 时人员高度 2 m 处温度分布

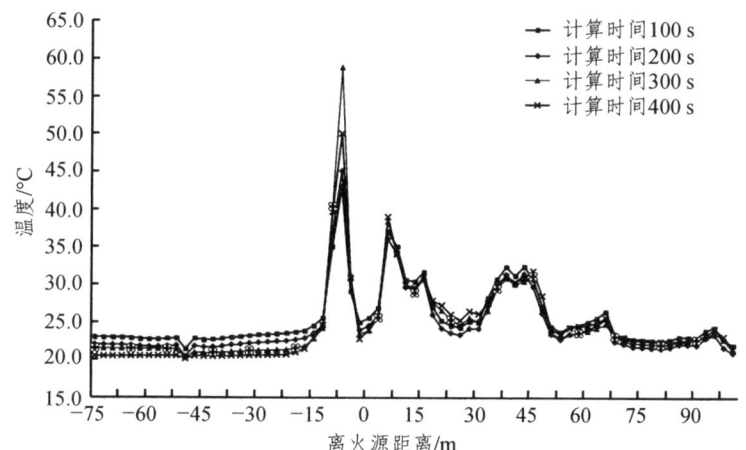

（c）位置 1 排烟风速 3.5 m/s 时人员高度 2 m 处温度分布

图 4-4 位置 1 不同排烟风速下人员高度 2 m 处的温度分布

从图 4-4 中分析可知，当着火列车停靠在位置 1 时，随着顶部排烟风速的增加，救援站疏散站台 2.0 m 高度处的温度升高，但都小于温度控制标准 80 ℃，其原因为：停靠位置 1 处着火列车靠近 1 号排烟风井，随着隧道顶部排烟风速的增加，着火列车附近隧道纵向风速增大，加大了对烟气层的扰动，使得烟气下沉速度加快。

图 4-5 所示为着火列车停靠在位置 1 时，不同排烟风速下着火列车附近救援站横通道前垂直方向上的烟气温度分布曲线。

从图 4-5 中分析可知，当着火列车停靠在位置 1 时，2 号横通道为最不利横通道，随着排烟风速的增加，横通道前垂直方向上的最高烟气温度下降。

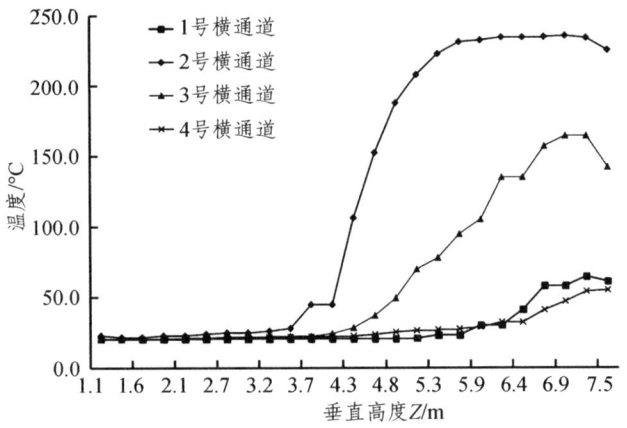

（a）位置 1 排烟风速 2.5 m/s 时各横通道前垂直温度分布

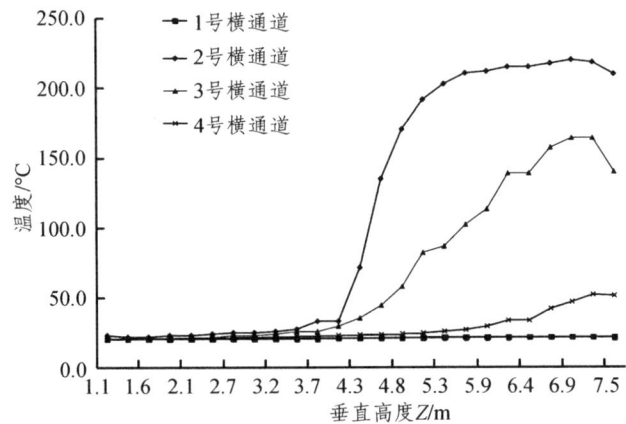

（b）位置 1 排烟风速 3.0 m/s 时各横通道前垂直温度分布

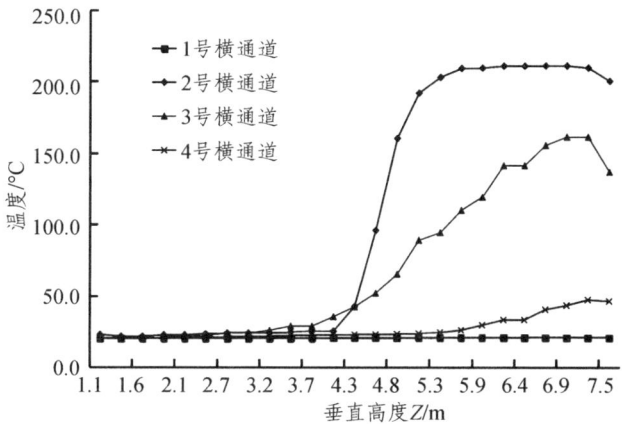

（c）位置 1 排烟风速 3.5 m/s 时各横通道前垂直温度分布

图 4-5　位置 1 不同排烟风速下横通道前垂直温度分布（400 s）

4.2.3.2　着火列车停靠位置 2

当着火列车停靠在救援站位置 2 时，不同排烟风速下隧道顶部烟气温度分布如图 4-6 所示。

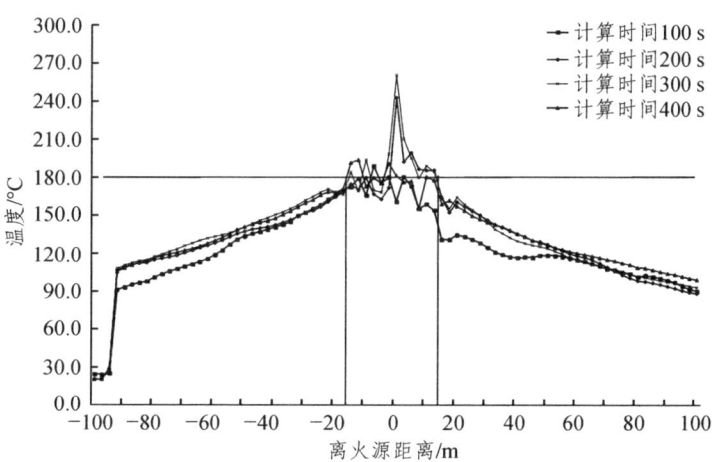

（a）位置 2 排烟风速 2.5 m/s 时隧道顶部温度分布

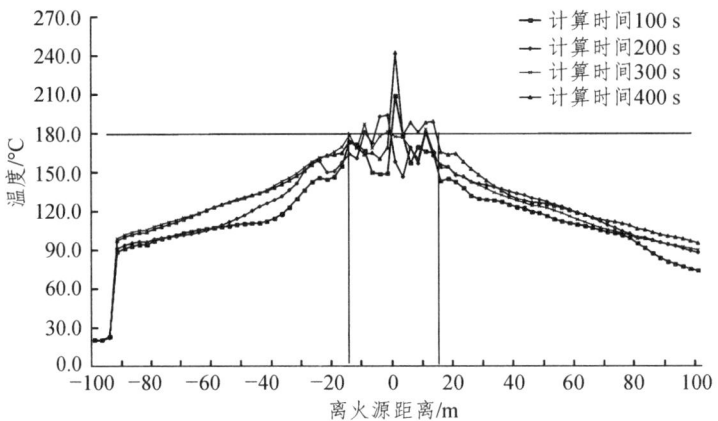

（b）位置 2 排烟风速 3.0 m/s 时隧道顶部温度分布

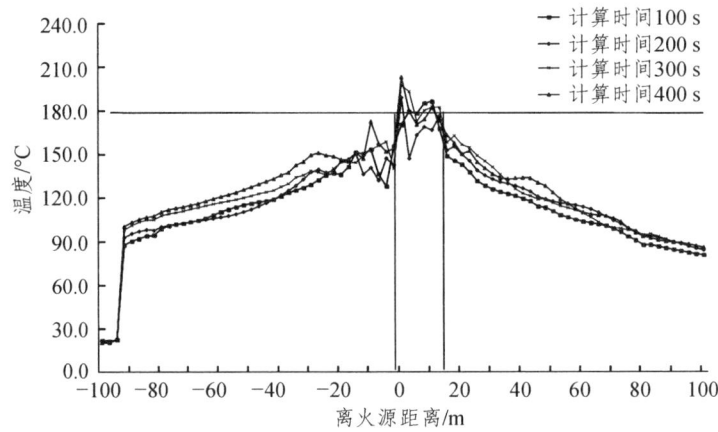

（c）位置 2 排烟风速 3.5 m/s 时隧道顶部温度分布

图 4-6　位置 2 不同排烟风速下隧道顶部的温度分布

从图 4-6 中分析可知，当着火列车停靠在位置 2 时，不同排烟风速下隧道顶部纵向温度分布规律一致，但随着排烟风速增大，火源上方隧道顶部最高烟气温度降低，排烟风速由 2.5 m/s 增加至 3.5 m/s，隧道顶部最高温度由 260 ℃ 下降到 205 ℃，降低了 21%。同时，不同排烟风速下火源 30 m 外温度都小于 180 ℃，满足辐射控制标准。

图 4-7 所示为着火列车停靠在位置 2 时，不同排烟风速下救援站疏散站台上 2.0 m 高度处的烟气温度分布曲线。

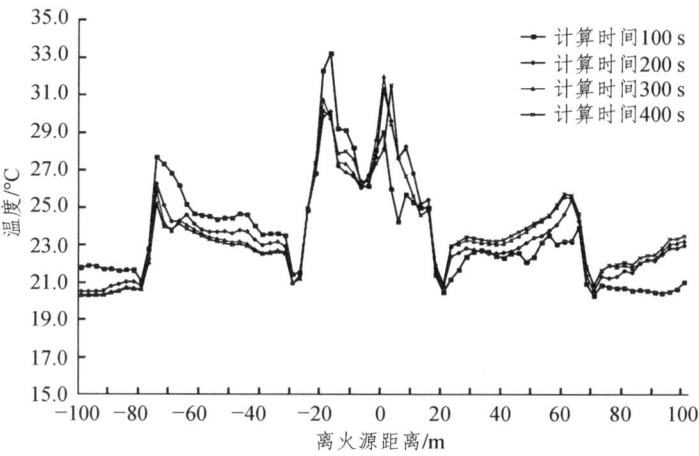

（a）位置 2 排烟风速 2.5 m/s 时人员高度 2 m 处温度分布

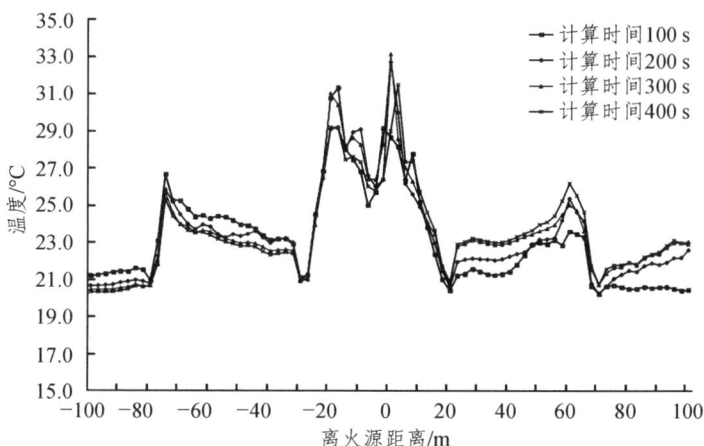

（b）位置 2 排烟风速 3.0 m/s 时人员高度 2 m 处温度分布

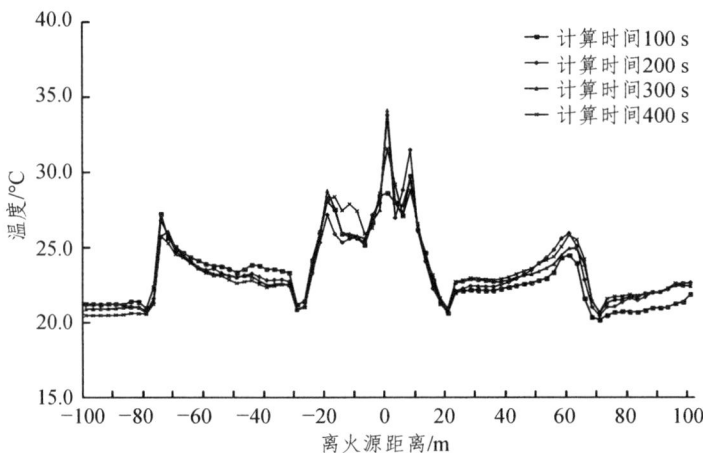

（c）位置 2 排烟风速 3.5 m/s 时人员高度 2 m 处温度分布

图 4-7　位置 2 不同排烟风速下人员高度 2 m 处的温度分布

着火列车停靠位置 2 位于排烟风井正下方，从图 4-7 中分析可知，随着顶部排烟风速的增加，疏散站台 2.0 m 高度处的温度变化较小，满足温度控制标准。

图 4-8 所示为着火列车停靠在位置 2 时，不同排烟风速下着火列车附近救援站横通道前垂直方向上的烟气温度分布曲线。

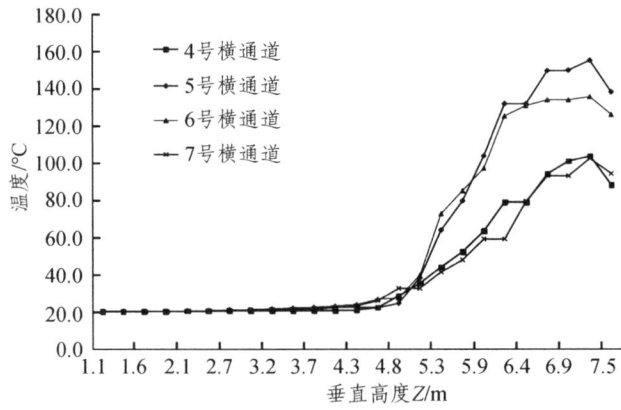

（a）位置 2 排烟风速 2.5 m/s 时各横通道前垂直温度分布

第4章 高速铁路隧道救援站烟气流动与控制

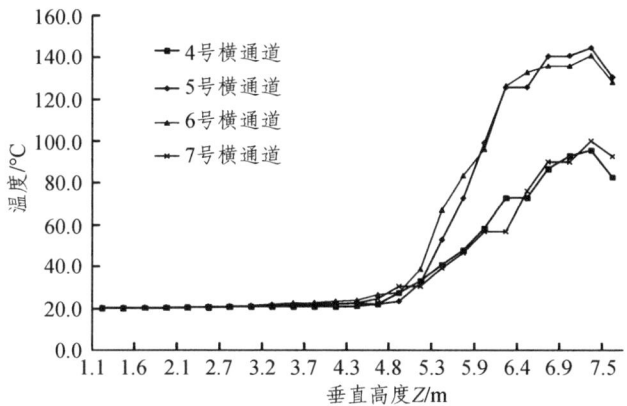

（b）位置2排烟风速3.0 m/s时各横通道前垂直温度分布

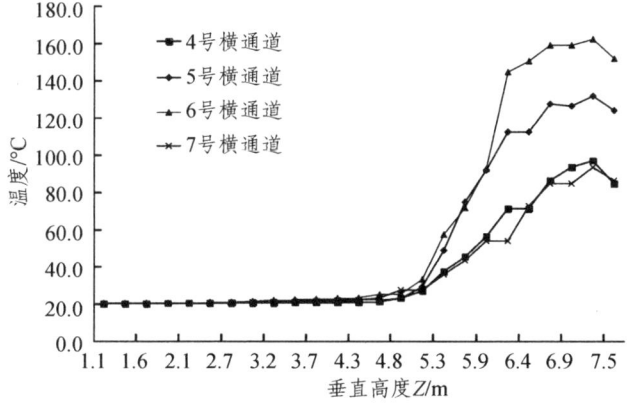

（c）位置2排烟风速3.5 m/s时各横通道前垂直温度分布

图4-8 位置2不同排烟风速下横通道前垂直温度分布（400 s）

从图4-8中分析可知，当着火列车停靠在位置2时，5号、6号横通道为最不利横通道，随着排烟风速的增加，横通道前垂直方向上的最高烟气温度基本保持不变。

4.2.3.3 着火列车停靠位置3

当着火列车停靠在救援站位置3时，不同排烟风速下隧道顶部烟气温度分布如图4-9所示。

从图 4-9 中分析可知，当着火列车停靠在位置 3 时，不同排烟风速下隧道顶部纵向温度分布规律一致，且随着排烟风速增大，火源上方隧道顶部最高温度基本保持不变，约为 300 °C。同时，不同排烟风速下火源 30 m 外最高烟气温度都大于 180 °C，不满足辐射控制标准。

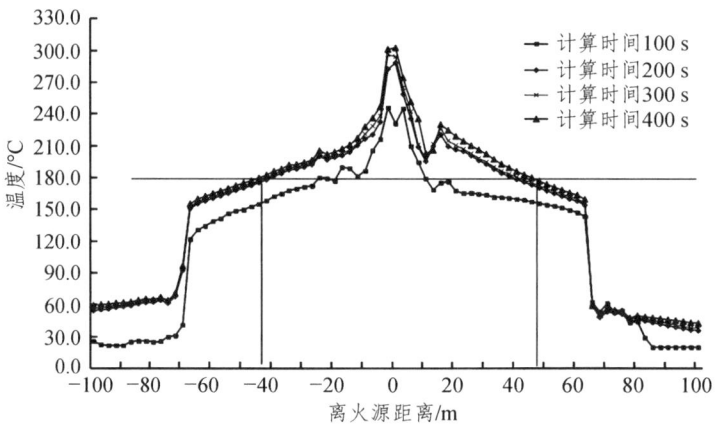

（a）位置 3 排烟风速 2.5 m/s 时隧道顶部温度分布

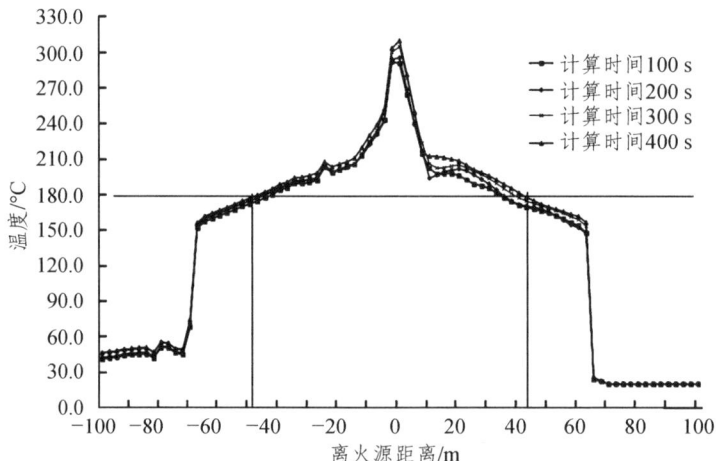

（b）位置 3 排烟风速 3.0 m/s 时隧道顶部温度分布

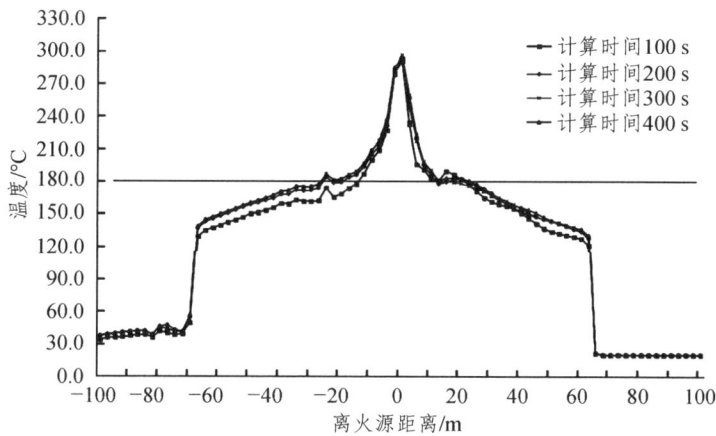

(c)位置 3 排烟风速 3.5 m/s 时隧道顶部温度分布

图 4-9　位置 3 不同排烟风速下隧道顶部的温度分布

图 4-10 为位置 3 处隧道纵向截面烟气分布规律,从中可知着火列车停靠位置 3 处于两排烟风井正中间,火源位于隧道中性点处,烟气呈对称分布,此时排烟风速对烟气蔓延的影响极小。因此,当着火列车停靠在位置 3 时,通过提高排烟风速来降低隧道顶部烟气温度是无明显作用的。

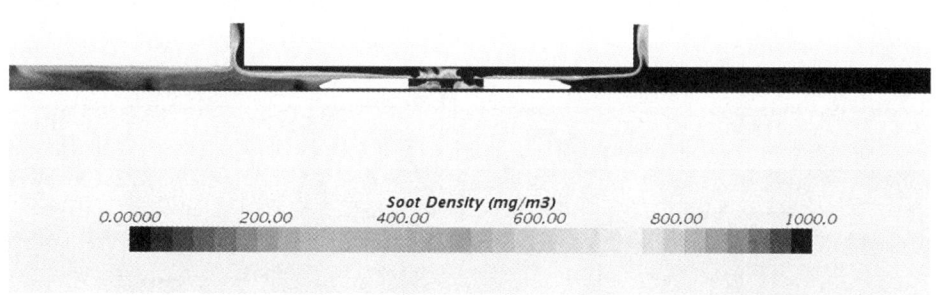

图 4-10　位置 3 处隧道纵向截面烟气分布规律

综合上述分析可知:着火列车停靠位置 2 为最佳停靠位置,即着火列车停靠在排烟风井正下方,此时较小的排烟风速都能够满足烟气控制标准;而着火列车停靠位置 3 为最不利停靠位置,即着火列车停靠在两排烟风井正中间,此时排烟风速对高温烟气蔓延特性的影响极小，各计算排烟风速下火源 30 m 外烟气最高温度都大于 180 °C，不满足辐射控制标准；着火列车停靠在位置 1 时，随着排烟风速增大，隧道顶部烟气最高温度下降，当排烟风速为 3.5 m/s 时满足热辐射控制标准。

图 4-11 为着火列车停靠在位置 3 时，不同排烟风速下疏散站台 2.0 m 高度处的烟气温度分布曲线。

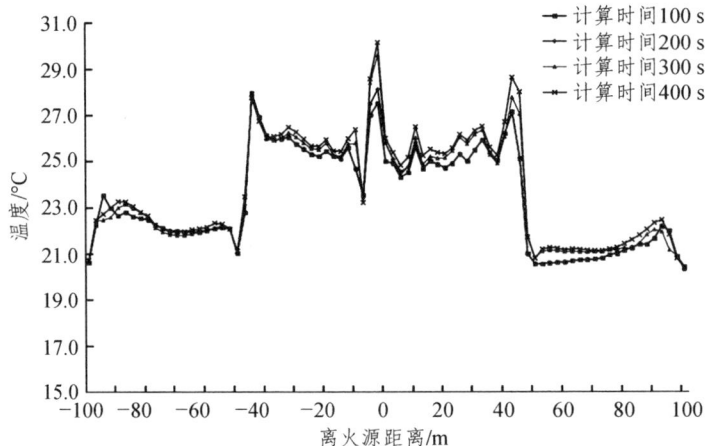

（a）位置 3 排烟风速 2.5 m/s 时人员高度 2 m 处温度分布

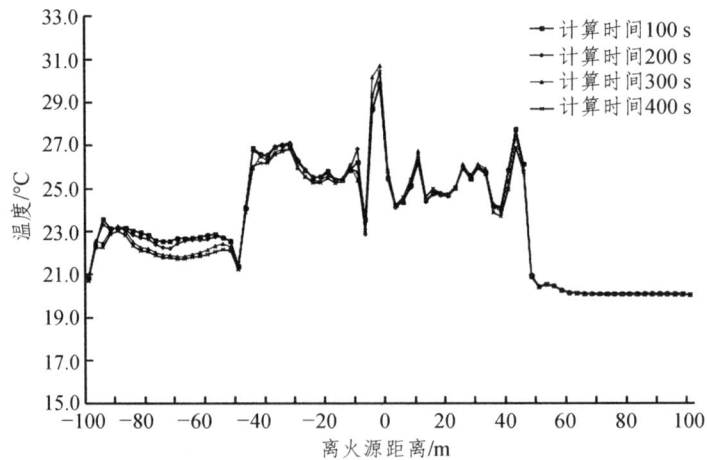

（b）位置 3 排烟风速 3.0 m/s 时人员高度 2 m 处温度分布

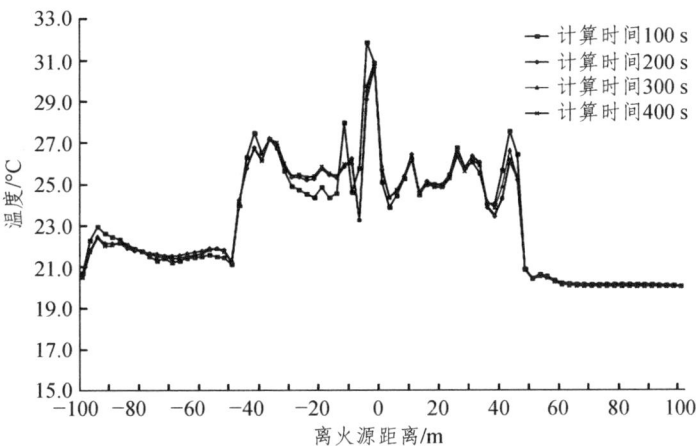

（c）位置3排烟风速3.5 m/s时人员高度2 m处温度分布

图 4-11 位置3不同排烟风速下人员高度2 m处的温度分布

着火列车停靠位置3位于两排烟风井正中间，火源处于隧道中性点附近，从图4-11中分析可知，随着顶部排烟风速的增加，救援站疏散站台2.0 m高度处的温度分布规律及数值都一致，说明此时排烟风速对救援站疏散站台2.0 m高度处的温度分布影响极小。

图4-12为着火列车停靠在位置3时，不同排烟风速下着火列车附近救援站横通道前垂直方向上的烟气温度分布曲线。

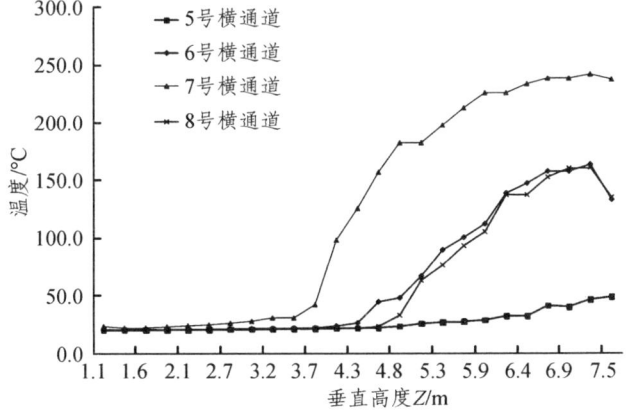

（a）位置3排烟风速2.5 m/s时各横通道前垂直温度分布

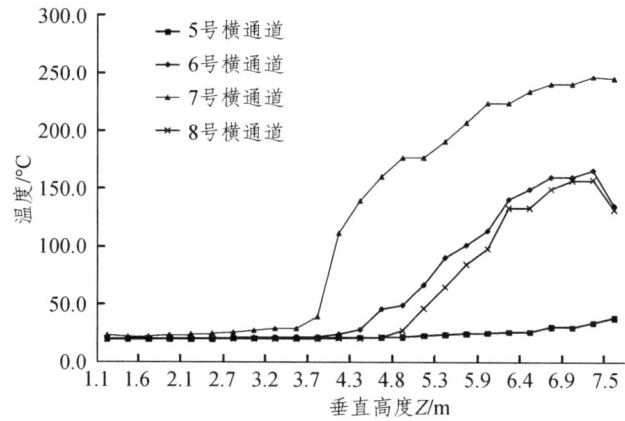

（b）位置 3 排烟风速 3.0 m/s 时各横通道前垂直温度分布

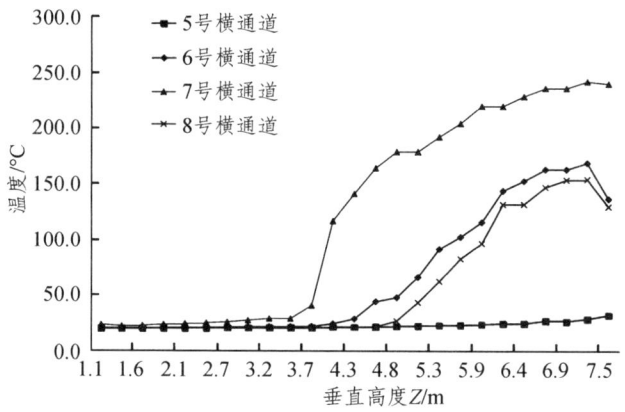

（c）位置 3 排烟风速 3.5 m/s 时各横通道前垂直温度分布

图 4-12 位置 3 不同排烟风速下横通道前垂直温度分布（400 s）

从图 4-12 中分析可知，当着火列车停靠在位置 3 时，7 号横通道为最不利横通道，且随着排烟风速的增加，横通道前垂直方向上的最高烟气温度也基本保持不变。

4.3 着火列车继续运行对烟气分布的影响

4.3.1 计算工况

为了分析着火列车继续运行对救援站火灾烟气蔓延特性的影响，需考虑将列车运行和不考虑列车运行（模拟开始时着火列车停靠在救援站）两种工况计算的结果进行对比，分析着火列车继续运行至救援站减速停车疏散模式对烟气蔓延特性的影响。

着火列车火灾热释放速率以我国《铁路隧道防灾疏散救援工程设计规范》（TB 10020—2017）建议的动车组火灾热释放速率火灾 15 MW 为例，防护门处送风风速取 2.0 m/s，计算工况如表 4-2 所示。

表 4-2 计算工况表

工况	火源热释放速率/MW	防护门风速/($m·s^{-1}$)	是否考虑列车运行
位置 1	15	2.0	是 否
位置 2	15	2.0	是 否
位置 3	15	2.0	是 否

4.3.2 计算结果及分析

4.3.2.1 列车运行时隧道内的烟气分布规律

着火列车以 80 km/h 的速度继续运行至救援站减速停车疏散，列车运行时高温烟气通过着火车厢的车窗进入隧道内，不同计算时间下隧道纵向温度、烟气密度分布如图 4-13 及图 4-14 所示。

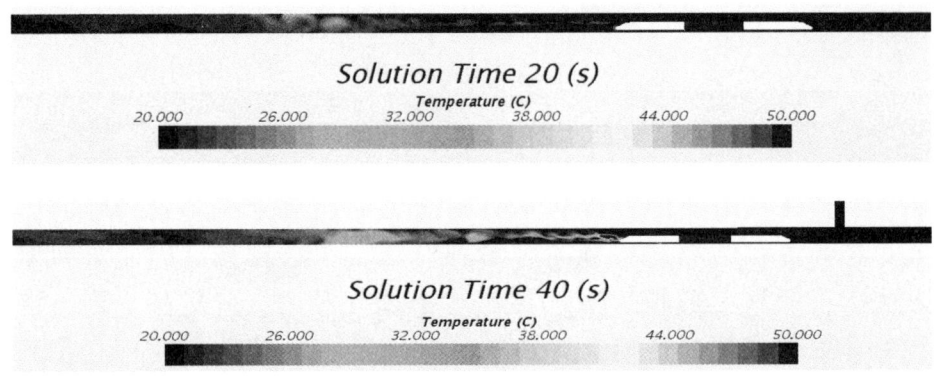

图 4-13　不同计算时间下的隧道内温度分布

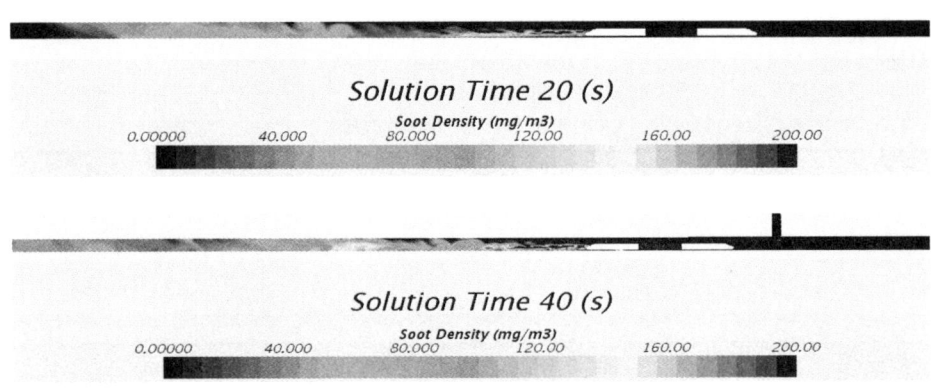

图 4-14　不同计算时间下的隧道内烟气分布

从图 4-13 以及图 4-14 中分析可知：当着火列车在隧道内继续运行时，车内的高温烟气将通过破裂的车窗进入隧道内，并与隧道内的大量冷空气剧烈混合，混合后的烟气温度以及密度都大大降低，将给隧道内火灾烟气的探测工作带来巨大困难。

4.3.2.2　着火列车停靠位置 1

当着火列车停靠在救援站位置 1 时，分别对考虑着火列车运行及不考虑着火列车运行两种工况进行模拟计算。救援站顶部纵向温度分布如图 4-15 所示，救援站疏散站台 2.0 m 高度处温度分布如图 4-16 所示,救援站疏散站台 2.0 m 高度处能见度如图 4-17 所示。

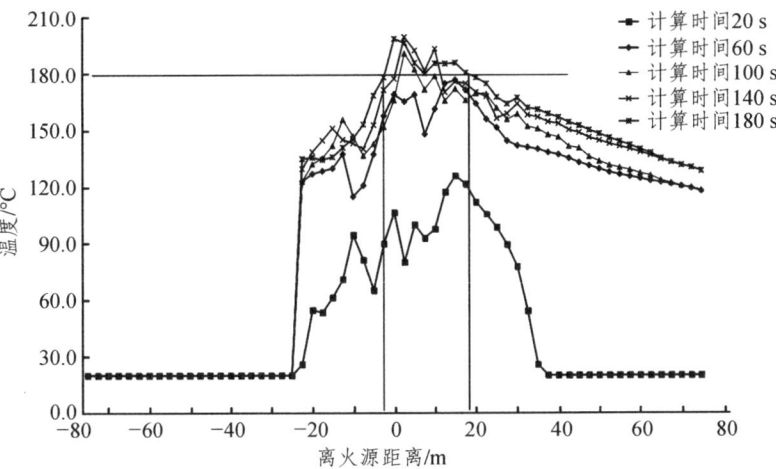

(a) 不考虑列车运行

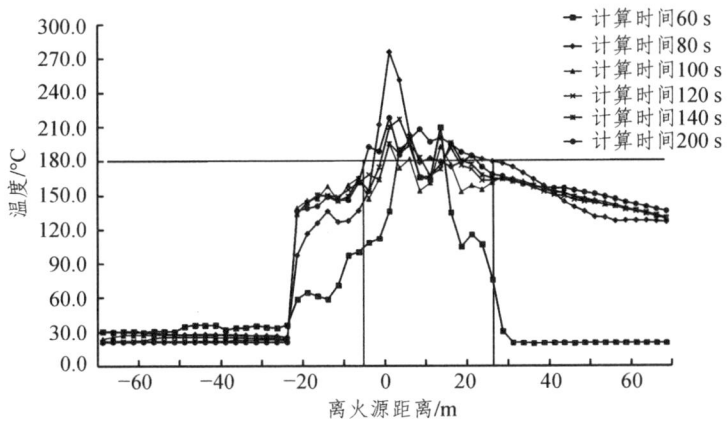

(b) 考虑列车运行

图 4-15 救援站顶部纵向温度分布

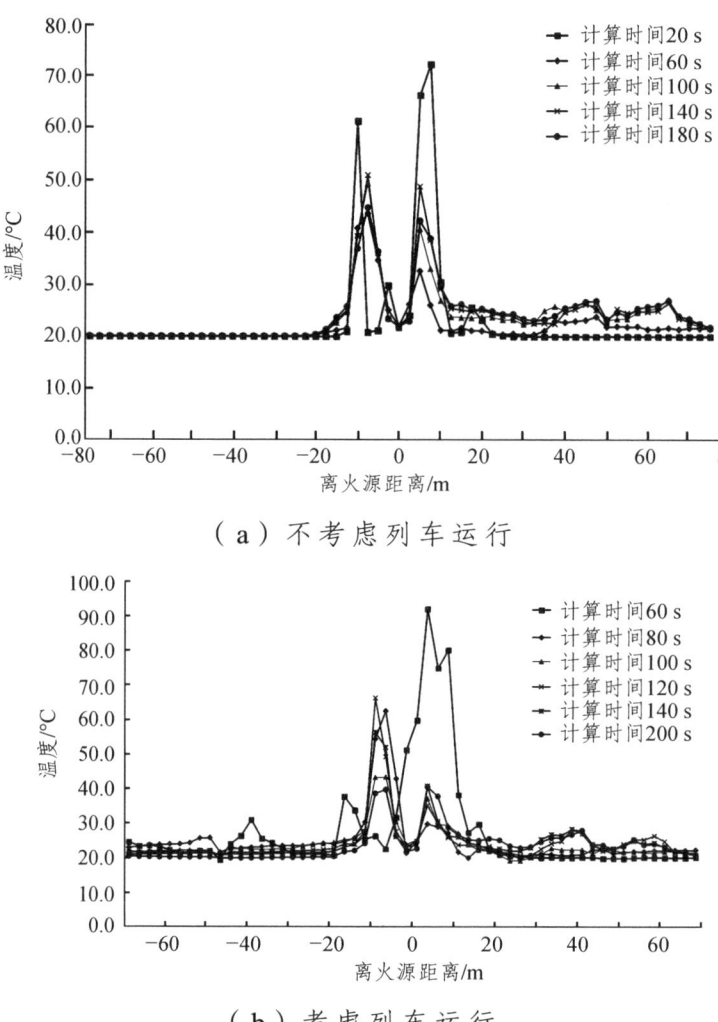

(a) 不考虑列车运行

(b) 考虑列车运行

图 4-16 救援站疏散站台人员高度 2.0 m 处温度分布

从图 4-15、图 4-16 中分析可知：在着火列车停靠位置 1 处，不考虑列车运行工况下隧道顶部烟气温度以及救援站疏散站台人员高度 2 m 处最高温度比考虑了列车运行的工况略低一点，并且在考虑列车运行工况下高温烟气的影响范围略大一点，但都满足辐射控制标准。

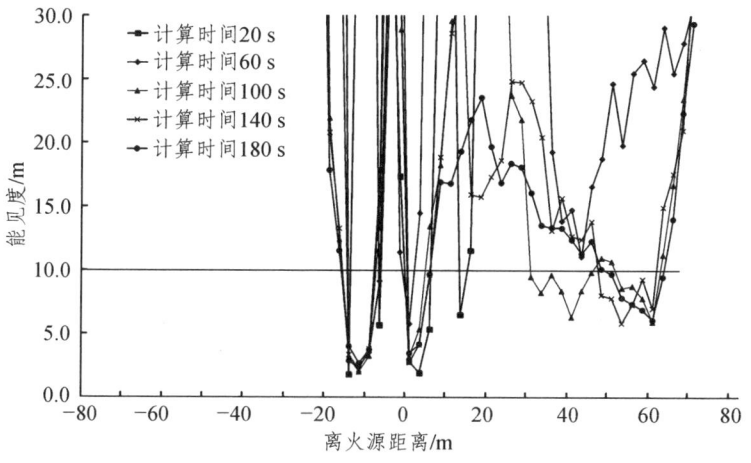

（a）不考虑列车运行

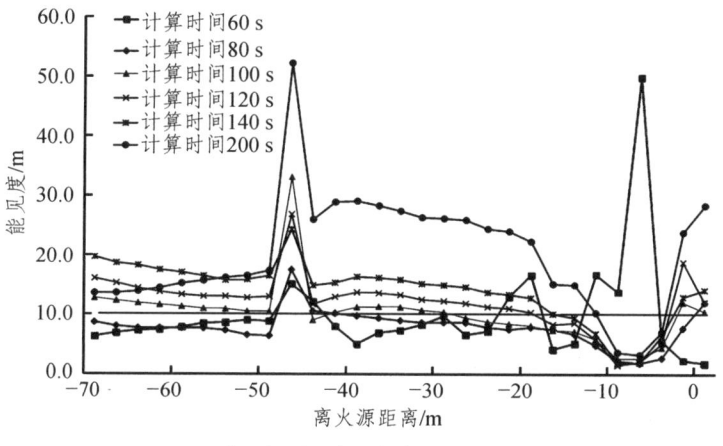

（b）考虑列车运行

图 4-17　救援站疏散站台人员高度 2.0 m 处烟气能见度

从图 4-17 中分析可知：考虑列车运行时，着火列车行驶至救援站停车，列车运行过程中烟气通过车窗进入救援站内，列车停车初期（60~80 s）顶部排烟风井还不能及时将烟气排走，使得救援站进站端（火源左侧）疏散站台 2.0 m 高度处的能见度低于 10 m，不满足能见度控制标准。而在不考虑列车运行工况下，高温烟气通过车窗进入隧道内，由于没有活塞风对烟气的扰动，高温烟气在隧道顶部聚集，然后向两侧纵向流动，使得救援站进站端（火源左侧）疏散站台 2.0 m 高度处的能见度远远大于 10 m，说明此种计算方式对于救援站人员安全疏散是偏安全的，与实际的救援站火灾情况不符。因此，要得到更加准确的救援站火灾烟气蔓延特性，应考虑着火列车的运行。着火列车停靠位置 1 处不同列车运行状态下烟气分布如图 4-18 及图 4-19 所示。

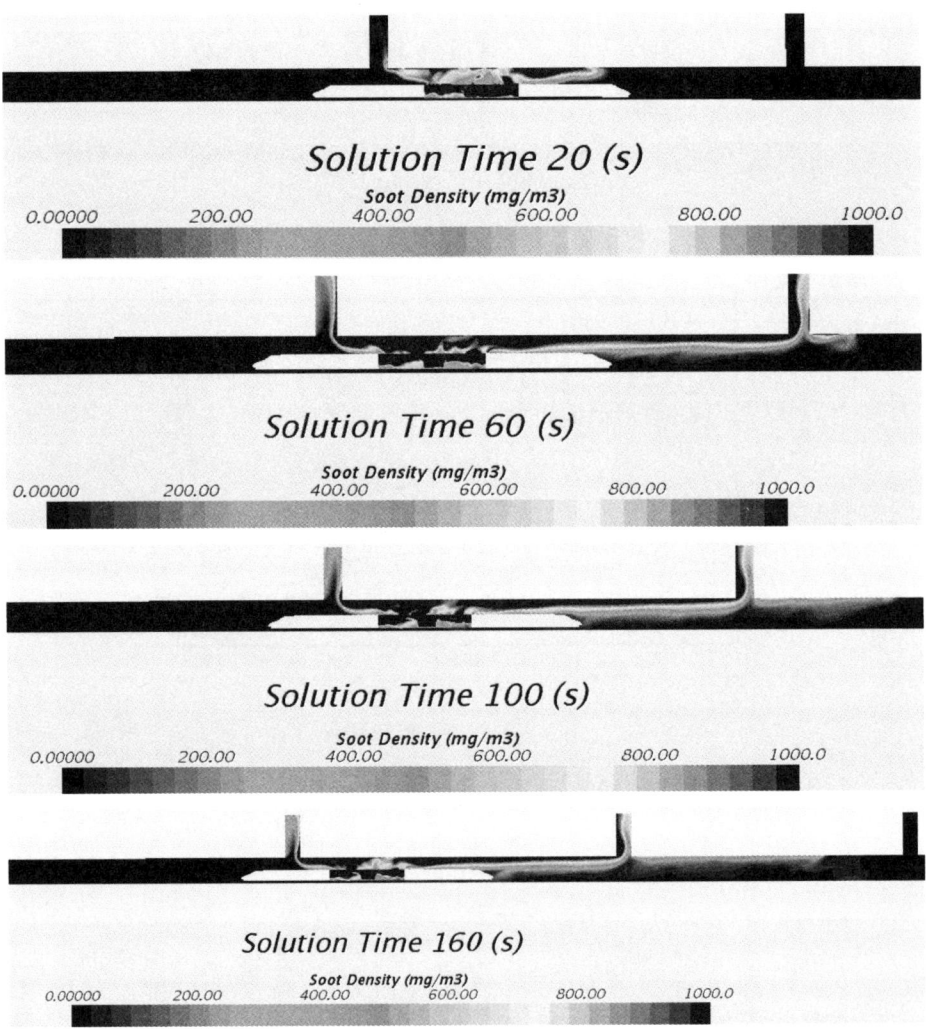

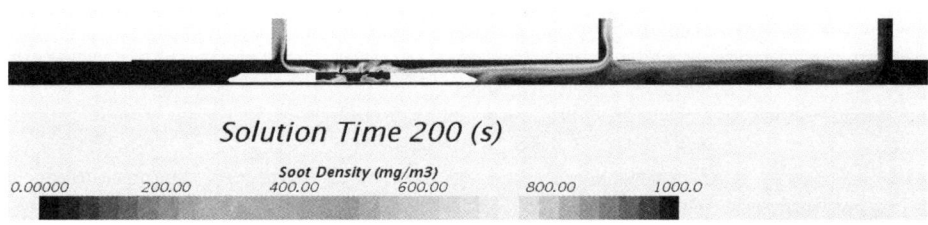

图 4-18　不考虑列车运行不同时刻的烟气分布

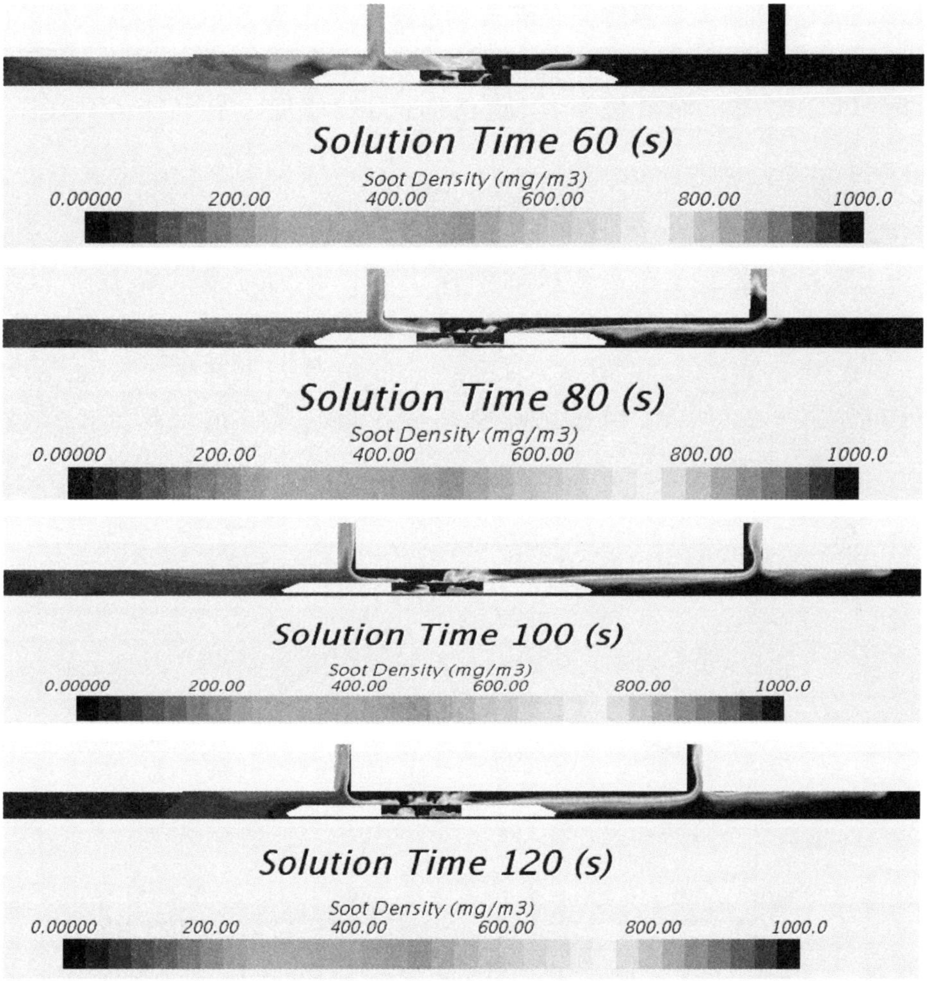

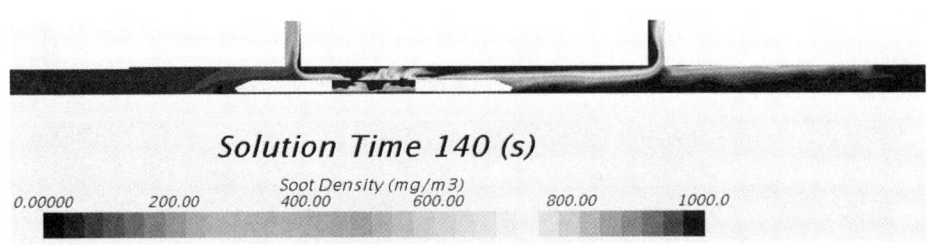

图 4-19　考虑列车运行不同时刻的烟气分布

从图 4-18 及图 4-19 中可知,当着火列车停靠在救援站位置 1 时,救援站所采用的排烟模式能够将高温烟气控制在 1 号～3 号排烟风井之间,而救援站其他位置是无烟环境,有利于人员的安全疏散。

4.3.2.3　着火列车停靠位置 2

当着火列车停靠在救援站位置 2 时,分别对考虑着火列车运行及不考虑着火列车运行两种工况进行模拟计算。救援站顶部纵向温度分布如图 4-20 所示,救援站疏散站台人员高度 2 m 处温度分布如图 4-21 所示,救援站疏散站台人员高度 2 m 处烟气能见度如图 4-22 所示。

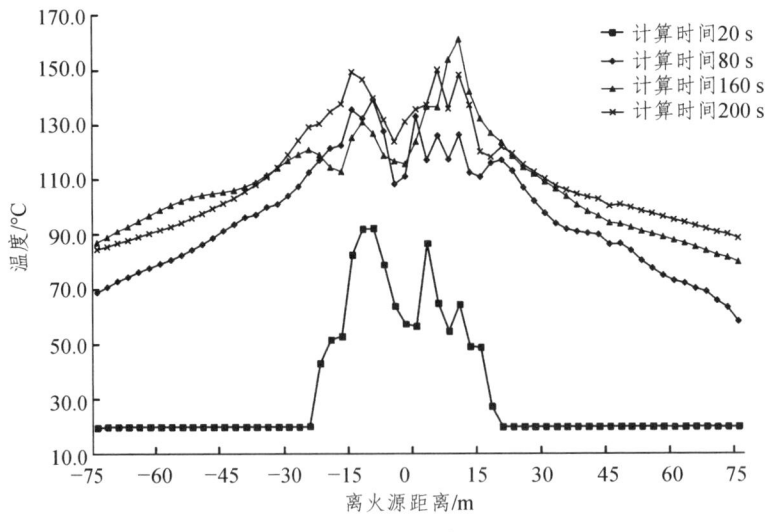

(a) 不考虑列车运行

第4章 高速铁路隧道救援站烟气流动与控制

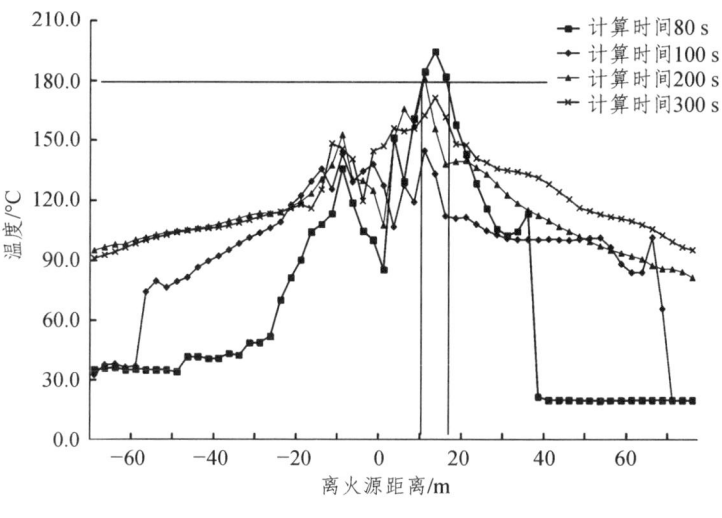

（b）考虑列车运行

图 4-20 救援站顶部纵向温度分布

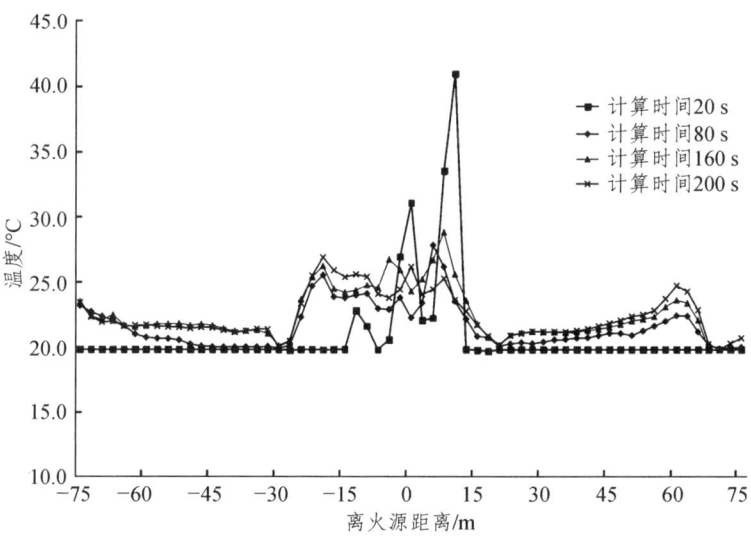

（a）不考虑列车运行

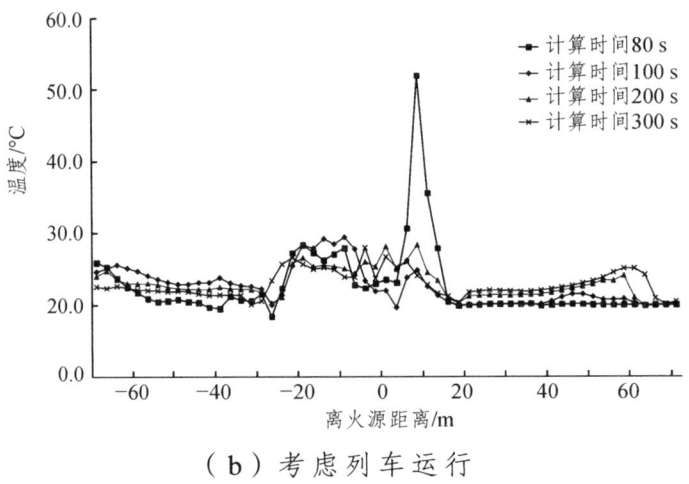

（b）考虑列车运行

图 4-21　救援站疏散站台人员高度 2 m 处温度分布

从图 4-20、图 4-21 中分析可知：在着火列车停靠位置 2 处，不考虑列车运行工况下隧道顶部烟气温度以及救援站疏散站台 2.0 m 高度处最高温度比考虑列车运行工况略低一点，且高温烟气的影响范围也略小一点，同时两种工况下高温烟气的影响都满足辐射控制标准。

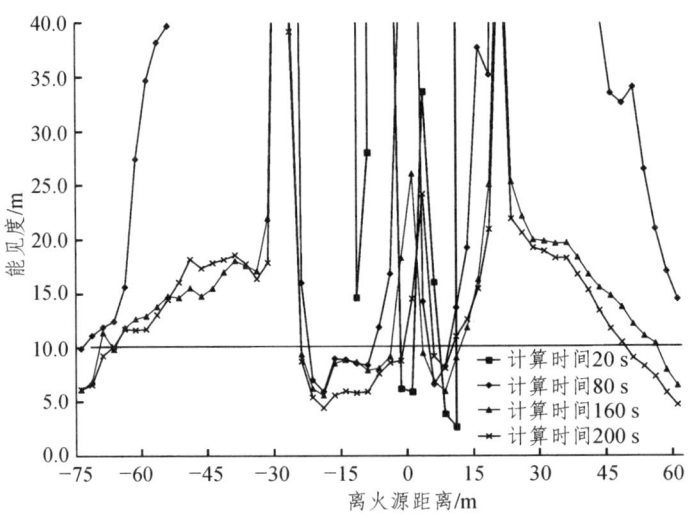

（a）不考虑列车运行

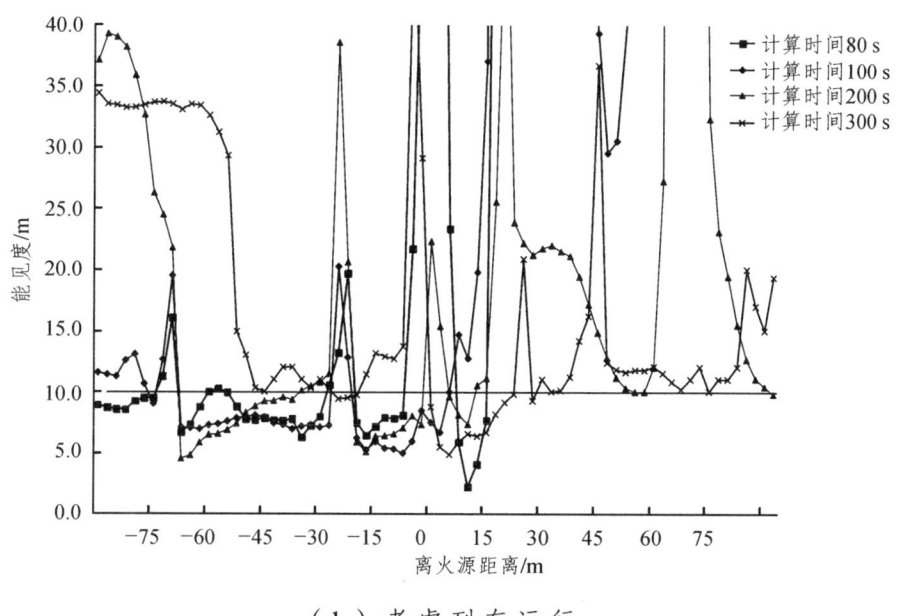

（b）考虑列车运行

图 4-22　救援站疏散站台人员高度 2 m 处烟气能见度

从图 4-22 中分析可知：考虑列车运行时，着火列车在减速进站过程中大量高温烟气进入隧道内，使得救援站进站端（火源左侧）疏散站台 2.0 m 高度处计算早期（60~80 s）的能见度低于 10 m，随着计算时间增大，活塞风扰动作用减弱，能见度逐渐提高。而在不考虑列车运行工况下，救援站进站端疏散站台 2.0 m 高度处的能见度远远大于 10 m，但与实际救援站火灾情景不符，即在研究救援站火灾烟气蔓延特性时，应考虑着火列车的运行。图 4-23 及图 4-24 为着火列车停靠位置 2 处不同列车运行状态下的烟气分布，从中可知，不考虑列车运行时火源左侧处于无烟环境，而考虑列车运行时，左侧隧道早期有烟气扩散，随着计算时间增加烟气逐渐减少。

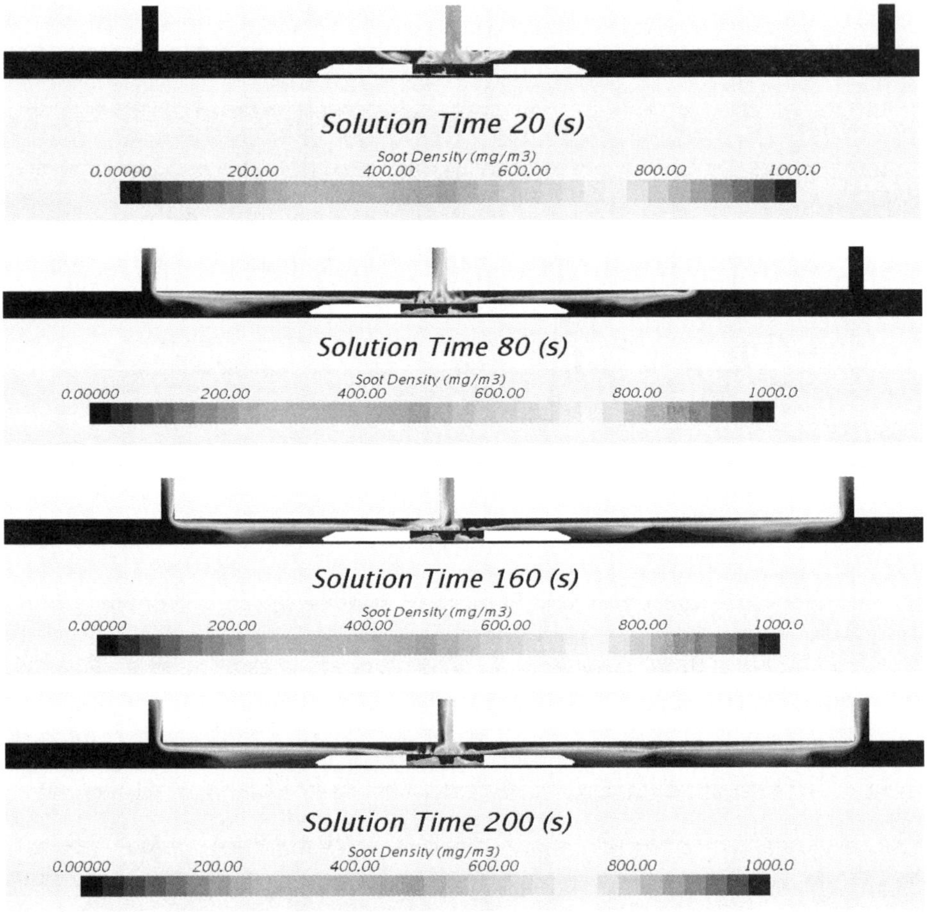

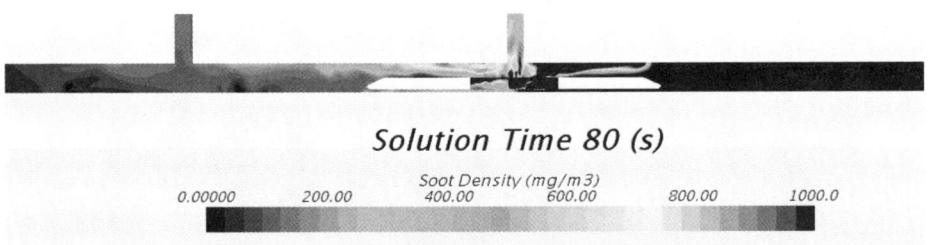

图 4-23 不考虑列车运行不同时刻的烟气分布

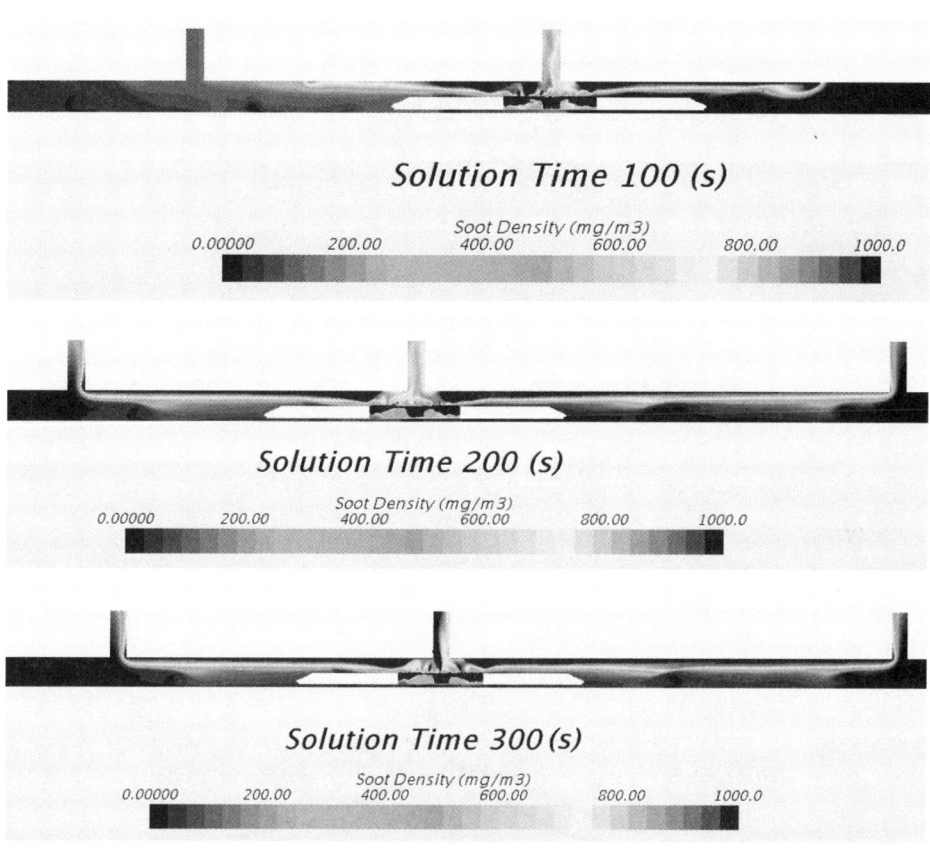

图 4-24　考虑列车运行不同时刻的烟气分布

从图 4-23 及 4-24 可知,当着火列车停靠在救援站位置 2 时,救援站所采用的排烟模式能够将高温烟气控制在 2 号~4 号排烟风井之间,而救援站其他位置是无烟环境,有利于人员的安全疏散。

4.3.2.4　着火列车停靠位置 3

当着火列车停靠在救援站位置 3 时,分别对考虑着火列车运行及不考虑着火列车运行两种工况进行模拟计算。救援站顶部纵向温度分布如图 4-25 所示,救援站疏散站台 2.0 m 高度处温度分布如图 4-26 所示,救援站疏散站台 2.0 m 高度处烟气能见度如图 4-27 所示。

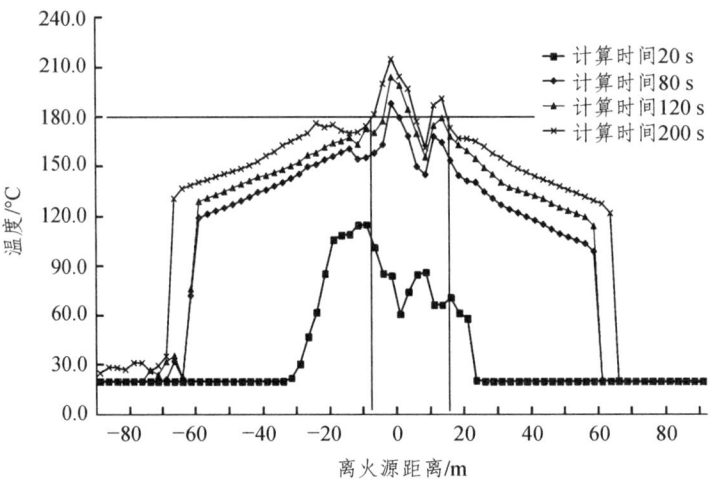

（a）不考虑列车运行

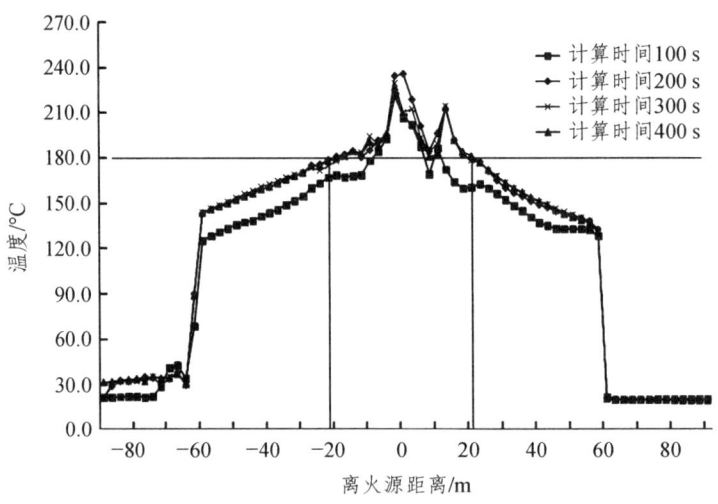

（b）考虑列车运行

图 4-25　救援站顶部纵向温度分布

第 4 章　高速铁路隧道救援站烟气流动与控制

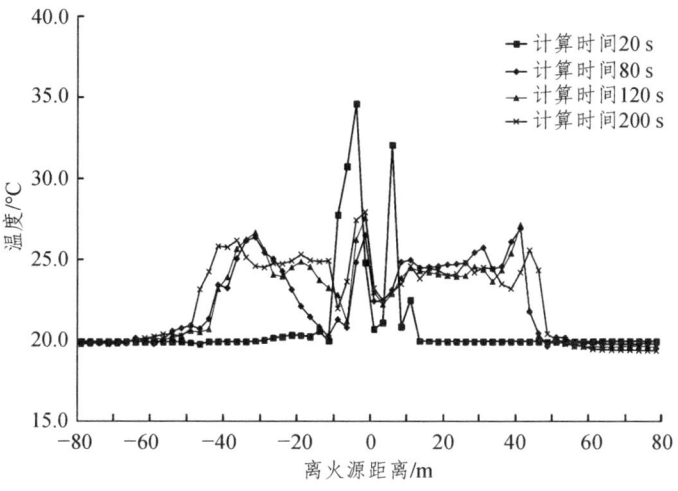

（a）不考虑列车运行

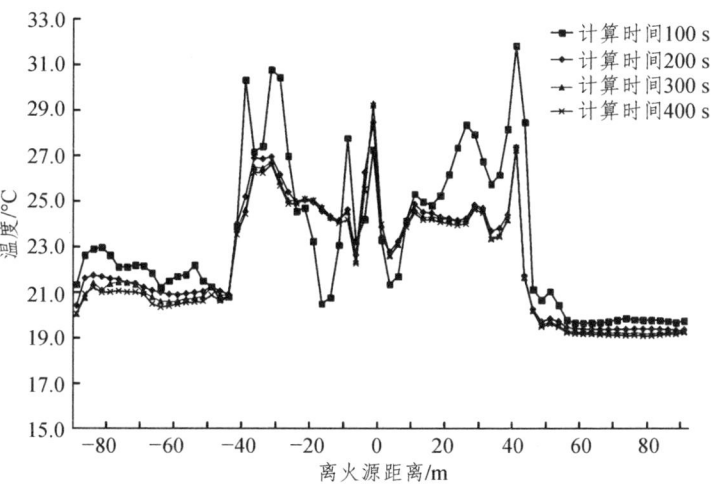

（b）考虑列车运行

图 4-26　救援站疏散站台人员高度 2 m 处烟气温度分布

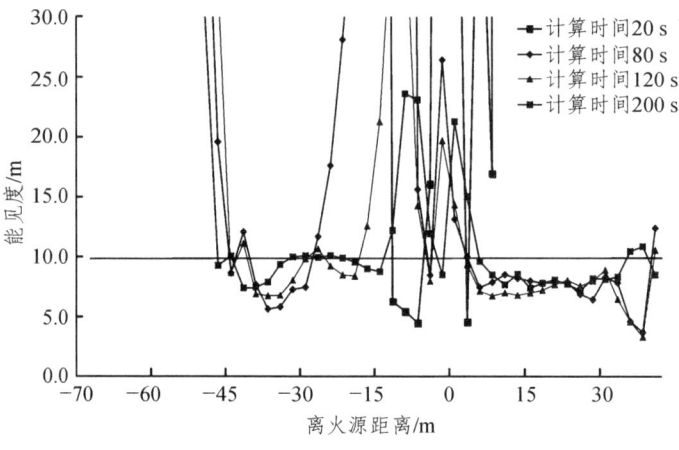

（a）不考虑列车运行

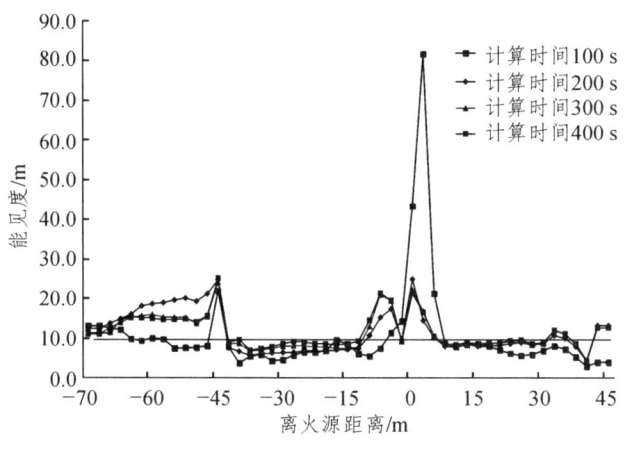

（b）考虑列车运行

图 4-27　救援站疏散站台人员高度 2 m 处烟气能见度

从图 4-25～图 4-27 分析可知：在列车停靠位置 3，在不考虑着火列车运行的工况下救援站顶部最高烟气温度为 210 ℃，而在考虑列车运行工况下为 240 ℃，降低了 30 ℃，且高温烟气影响范围由 21 m 变为 44 m。

对于救援站疏散站台 2.0 m 高度处的烟气能见度，在不考虑列车运行工况下，计算早期能见度远远大于 10 m，且计算时间内能见度都比考虑列车运行工况高，但是此计算方式对于人员安全疏散来说是偏安全的，与实际的救援站火灾情况不符，即在研究救援站火灾烟气蔓延特性时应考虑着火列车的运行。

图 4-28 及图 4-29 为着火列车停靠位置 3 处不同列车运行状态下的烟气分布，分析可知，不考虑列车运行时火源左侧处于无烟环境，而考虑列车运行时，左侧隧道早期有烟气扩散，随着计算时间增加烟气逐渐减少。

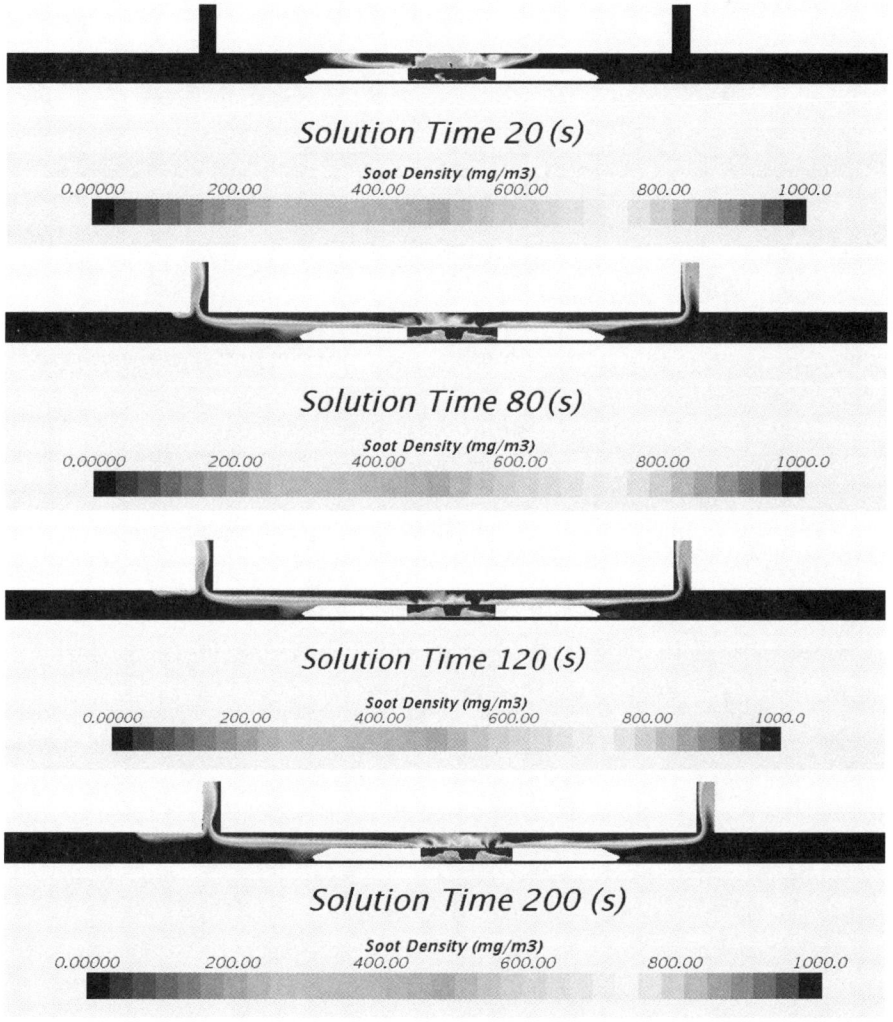

图 4-28　不考虑列车运行不同时刻的烟气分布

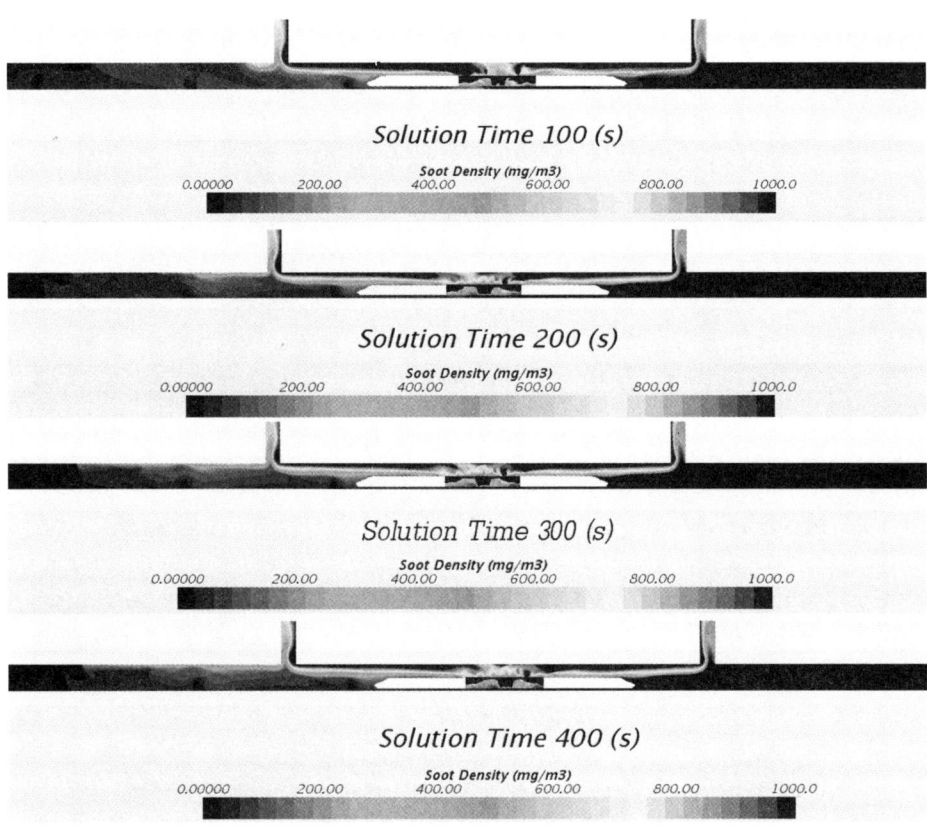

图 4-29　考虑列车运行不同时刻的烟气分布

从图 4-28 及图 4-29 可知，当着火列车停靠在救援站位置 3 时，救援站所采用的排烟模式能够将高温烟气控制在 3 号~4 号排烟风井之间，而救援站其他位置是无烟环境，有利于人员的安全疏散。

第 5 章 高速铁路隧道救援站人员安全疏散

5.1 救援站人员疏散策略

依据横通道形式，铁路隧道救援站人员疏散模式可分为有避难室设计疏散模式和无避难室设计疏散模式。

隧道发生火灾后，有避难室的设计疏散模式，可将列车人员迅速疏散至避难室中避难，增加了隧道定点救援的安全度。但更应考虑将人员尽快救援至隧道外，缩短人员在隧道内的停留时间，避免因烟气进入避难室，被疏散者心理及行为发生剧烈变化，造成意外二次伤害事故。仅设置横通道作为连接两条隧道安全疏散区域，已经基本能够满足人员安全疏散的要求。采用设置避难室的设计，会增加隧道土建施工以及运行维护的费用，且隧道火灾发生概率较低，这样会造成经济上的不合理。因此，长大铁路隧道救援站人员疏散模式建议优先选择无避难室设计的模式。

5.2 安全疏散准则及判定指标

5.2.1 人员安全疏散准则

火灾的发生与发展和人员逃生的过程是同时发生的，火灾的过程一般可以划分为火灾发生、火灾增大、火灾发展、火灾减弱、火灾熄灭五个阶段，从人员逃生的角度，主要考虑火灾发生和火灾增大两个阶段。人员疏散一般要经历发现火灾、确认火灾、逃生准备、疏散行为、脱离危险等阶段。在人员疏散过程当中，火灾探测报警时间和人员预动作时间是全部逃生时间的重要组成部分。

当必需安全疏散时间（REST）小于可用安全疏散时间（ASET）时，即可认为人员能够安全疏散，如式（5-1）所示。

$$REST < ASET \tag{5-1}$$

常用的人员安全疏散准则如图 5-1 所示，该图也反映了火灾发展和人员逃生的时间关系。

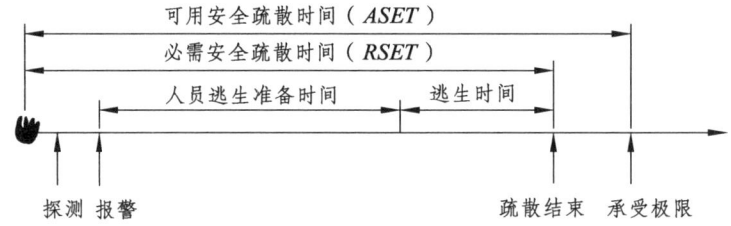

图 5-1 人员安全疏散时间判据

必需安全疏散时间（REST）是指从火灾发生起到全部人员安全疏散到安全场所的时间。火灾情形下的 REST 包括火灾探测报警时间 t_{alarm}、人员疏散运动时间 t_{move} 和人员预动作时间 t_{pre}，其中人员预动作时间又包括人员认识时间 t_{reg} 和人员反应时间 t_{resp} 两部分。如式（5-2）所示。

$$REST = t_{alarm} + t_{pre} + t_{move} = t_{alarm} + (t_{reg} + t_{resp}) + t_{move} \tag{5-2}$$

可用安全疏散时间（ASET）是指从火灾发生时刻到火灾危及人员安全的时间。火灾的危险状态是指火灾对建筑物内的人员造成严重伤害的情况。由于该时间的计算需要具体考虑火灾现场的情况，而试验成本过高，难以确定具体时间，可采用计算机模拟来获取 ASET。同时，可利用能见度、CO 浓度以及烟气温度的临界值来判定可用的安全疏散时间。

5.2.2 疏散安全判定指标

疏散安全判定指标可以从烟气危害性、能见度指标、烟气温度指标这三个方面来确定。高速列车采用了较多的有机高分子装饰材料，遇火易产生 CO、CO_2、HCN、SO_2、H_2S 等有毒气体及固体颗粒物等。

5.2.2.1 烟气毒性

火灾烟气中含有的毒性气体的毒性可直接作用于人体，造成人体的伤害，甚至致人死亡。列车火灾产生的烟气中有毒有害气体的允许浓度可参见表 3-1。例如，CO 是火灾不完全燃烧的产物，在隧道火灾产生的烟气中，CO 是唯一被证实的能在火灾中可能造成人员死亡的有毒气体。不同浓度的 CO 对人体的危害程度可参见表 3-2。

5.2.2.2 能见度

火灾产生的烟气会阻碍光的传播，当烟气达到一定浓度时，能见度将降低。能见度是影响火灾人员疏散的重要因素，它降低了人们对疏散标志标识的捕捉辨识能力，使疏散过程增加了更多危险。能见度的定量标准应根据建筑空间高度和面积大小确定。适用于小空间和大空间的最低光密度和相应的可视距离见表 5-1。

表 5-1 人员可耐受的可视度界线值

参数	小空间	大空间
光密度/($OD \cdot m^{-1}$)	0.2	0.08
可视度/m	5	10

根据我国《地铁设计规范》（GB 50157—2013），在人员疏散路径上，人眼特征高度处 2.0 m 的能见度低于 10 m，即视为危险状态。

5.2.2.3 烟气温度

火灾发生后，产生的烟气温度很高。在火源附近，温度可达几百摄氏度甚至更高。高温的环境，会使人出现各种生理不适，引发脱水、疲劳、心理恐慌等各种症状。因此，高温烟气也是造成人员伤亡的重要原因。根据相关数据，在空气温度升高至 100 °C 时，多数人只能忍受几分钟，通常而言，常人难以呼吸高达 65 °C 的空气。《澳大利亚消防指南》中关于"生命安全标准"一节中也指出，当烟气位置高于 2 m 时，保持安全的烟气温度为 200 °C 及以下，而烟气位置低于 2 m 时，其烟气温度不得高于 60 °C。目前，火灾危险性评估推荐的数据为：人脸部在短时间内暴露的安全温度所承受的极限范围是 65 °C 到 100 °C。经医学研究，如果温度达到 60 °C，与皮肤接触 1 min，就可以发生蛋白质凝固，造成不可逆的皮肤损害。可将 60 °C 作为人体能够承受的安全温度。

总之，能见度、烟气的毒性以及烟气的温度都是人员安全疏散的判断依据。当这三者中的任一指标达到了危险临界值时则认为人员将会疏散失败。因此，可用此来计算可用的安全疏散时间（ASET），其判定标准详见表 5-2。

表 5-2 可用安全疏散时间（ASET）判定标准

指标	临界值
CO 浓度	2.0 m（人眼特征高度）处 CO 浓度不大于 800 mg/L
能见度	2.0 m（人眼特征高度）处允许最小能见度为 10 m
烟气温度	2.0 m（人眼特征高度）处温度不超过 80 °C

5.3 人员疏散数值模拟方法

5.3.1 人员疏散数值模型

人员疏散模型主要分为两类：离散模型和连续性模型。其中：离散模型主要有元胞自动机模型、格子气模型；连续模型主要有 Helbing 等人[49]的社会力模型、Henderson 和 Hughes 等人的流体力学模型、Okazaki 等人的磁场力模型。

5.3.1.1 元胞自动机模型

元胞自动机是把时间、空间和状态离散后，每个变量只取有限个状态，然后在均匀一致的网格上按照一定的局部规则构成离散的动力系统。最早的元胞自动机模型由美国的数学家 John Von Neumann 和 Stanislaw M Ulam 提出，起初主要用于模拟生命系统所具有的自我复制功能。元胞自动机模型能模拟人员行为存在差异时的疏散过程，并且得出在高密度人群中，楼梯是影响疏散时间的主要因素。不同时的元胞自动机模型在建模方面的优点主要是：在元胞自动机中，物理和计算过程之间的联系非常清晰；能用比数学方程更为简单的局部规则产生较为复杂的结果；能用计算机对其进行建模，而无精度损失；能模拟任何可能的自然系统行为。

5.3.1.2 格子气模型

格子气模型是以流体分子运动理论中 Boltzmann 方程和宏观液体力学方程为理论基础发展起来的一种离散非线性动力体系。它模拟流场，将流体存在的空间划分为离散的网格，流体本身由大量只有质量没有体积的粒子组成，每个流体粒子在网格节点上按照离散时间沿网格线运动。它可以选择的运动方向与格子划分方式有关。格子气模型在表达常见流动现象规律的同时能保持较好的计算复杂度，是一种比较实用的疏散仿真模型，但这种模型忽略了疏散群体中个体间的交互作用，对个体的特征描述比较简单。

5.3.1.3 社会力模型

社会力模型是学者 Helbing 等提出的一种基于经典牛顿力学的人运动模型。该模型认为火灾疏散中个体受到三个作用力的影响，分别是驱动力、人与人之间的作用力和人与障碍物之间的作用力。其中：驱动力是移动个体给自己施加的"社会力"，体现了个体以一定的速度向目的地移动的期望；人与人之间的作用力，是个体试图与其他人保持距离所施加的"社会心理力"和"身体交互力"的总和；人与障碍物之间的作用力，是边界和障碍物对个体移动产生的反向作用力。社会力模型是目前最能刻画人群疏散中个体动力学特征的数学模型，能模拟人群运动呈现的复杂的自组织现象，但它是一种微观模型，对于大群体疏散问题的研究往往具有很高的计算复杂性。

5.3.1.4 流体力学模型

Henderson 把行人运动看作气体或者流体的流动。高密度状态下行人的运动特点跟液体分子很相似，而低密度自由运动状态时人流运动特点跟气体分子运动相似。该模型借鉴流体力学的经典方程及平衡统计理论对行人流进行模拟并用实际观测的经验数据进行验证。

5.3.1.5 磁场力模型

Okazaki 将人比作磁体在磁场中的运动，把人员和障碍物、墙壁、柱子设为正极，出口和目的地设为负极，然后利用正极之间的互斥来模拟人与人、人与建筑物之间的斥力和正极与负极的引力来模拟出口对于人的吸引力，但磁场力模型一直没有得到很好的发展，在研究工作中，应用不太广泛。

5.3.2 人员疏散仿真软件

5.3.2.1 PyroSim

Thunderhead Engineering PyroSim 简称 PyroSim，是由美国国家标准与技术研究院研发的专门用于火灾动态仿真模拟的软件。PyroSim 是在 FDS 的基础上发展起来的，为火灾动态模拟提供了一个图形用户界面。软件以计算流体动力学为理论依据，模拟预测火灾中的烟气、CO 等有毒有害气体的流动，火灾温度以及烟气浓度的分布。该软件应用范围很广，包括日常的炉火、房间火灾以及电气设备引发的多种火灾。

PyroSim 的主要功能包括：

(1)使用平面图和倾斜的墙壁编辑几何，以及其他强大的工具。

(2)综合 FDS 和 Smokeview 执行。

(3)全面支持 64 位操作系统。

(4)多个模型同时运行模拟。

(5)导入现有 FDS 模型。

(6)直接导入 AutoCAD 的 DXF 文件或作为背景图像使用。

PyroSim 软件为用户提供了一些常用探测设备、传感器、消防系统的参数以及建筑材料的数据，用户可以根据实际需求和环境要求创建新的材料或修改设备参数等，同时 PyroSim 软件还支持 DXF 格式的 CAD 三维模型和 FDS 格式的模型文件的导入，大大降低了工作量，提高了建模效率。

5.3.2.2 Pathfinder

Pathfinder 是美国 Thunderhead Engineering 公司开发的基于人员进出和运动的模拟器。它提供了图形用户界面的模拟设计和执行，以及三维可视化工具的分析结果。人员运动的环境是一个完整的三维三角网格设计，以配合实际层面的建设模式。Pathfinder 可以计算每个人员的独立运动并给出一套独立的参数，通过三维动画展现人员疏散的整个过程。

Pathfinder 包含 SFPE 和 Steering 两种人员运动模式。SFPE 模式中，软件通过人员密度确定不同区域的人员行为和速度，人员会寻找最近的出口但相互之间不影响；在 Steering 模式中，软件通过路径规划、指导机制、碰撞处理相结合控制人员运动，如果人员之间的距离和最近点的路径超过阈值，软件可以再生新的路径，以适应新的形势。

Pathfinder 的主要特点：

(1)三维动画视觉效果展示灾难发生时的场景。

(2)准确确定每个个体在灾难发生时的最佳逃生路径和逃生时间。

(3)内部快速建模与 DXF、FDS 等格式的图形文件的导入建模相结合。

（4）构筑物区域分解功能，同时展示各个区域人员逃生路径。

5.3.2.3　FDS+Evac

FDS+Evac 是基于 Helbing 的社会力模型开发的。该软件一般将人员等价为自驱动的有几何和物理特性的粒子，人员在运动过程中，会受到"社会心理力"的作用。建筑内存在一个引导人员"流动"符合流体力学规律的虚拟流场，如同在出口设置一台抽风机，吸引人员从建筑中流出来。该流场是一种理想化模型，不考虑人员的"再进入行为""羊群行为""回避行为"等对流场的影响。

FDS（Fire Dynamics Simulator）是美国国家标准研究所（NIST：National Institute of Standards and Technology）建筑火灾研究实验室（Building and Fire Research Laboratory）开发的模拟火灾中流体运动的计算流体动力学软件，该软件运用了场模拟的思想。FDS 采用数值方法求解一组描述热驱动的低速流动的 Navier-Stokes 方程（黏性流体方程），重点计算火灾中的烟气流动和热传递过程。模拟求解后可获得相关测量点位置的温度、CO 浓度、CO_2 浓度、O_2 浓度、能见度等参数数据，并可以直接观测火灾发生、发展情况。FDS 输入数据：计算区域尺寸、火源的设定、燃料类型、空间环境温度、灭火系统的影响、通风系统的影响、室内障碍物的设置、设计火灾规模等。

FDS 输出数据：点数据、面数据、物体表面数据、等值数据和静态数据等。具体数据有温度、速度矢量、压力大小、各种气体组分体积分数、碳黑密度、可见度等。

FDS 的局限性：

（1）建模不灵活，只能直接创建立方体模型，会加大计算误差。

（2）只能划分矩形网格。

（3）FDS 运行界面不友好，只能在命令行状态下运行。

（4）FDS 仅能模拟感温探测器，对其他探测器，如感烟探测器则无法有效模拟。

5.4 安全疏散影响因素

为做好紧急救援站应急疏散安全工作，应研究影响运营隧道火灾场景下救援站内人员安全疏散的因素，揭示问题根源，进而提出安全对策或为后续安全疏散研究做好铺垫工作。

影响紧急救援站内人员安全疏散的因素主要有列车着火位置、站台宽度及高度、横通道间距、防护门宽度、人的疏散心理及行为、烟气流动、管理等因素。

5.4.1 着火位置

根据对列车火灾事故的统计可知，列车火灾的起火位置可以分为车厢外部和车厢内部。车厢内部发生的火灾一般容易被发现并能得到及时控制，而且一般情况下不会影响列车继续运行至紧急救援站、邻近车站或者行驶出隧道；而车厢外部产生火灾则不易得到控制，而且如果供电系统或者列车底部的牵引系统因火灾失效时，列车将不能继续行驶。

对于单节车厢的乘客来说，当火灾发生在车厢中部时，人员可以分别从该节车厢的前后两端车门疏散，不经过危险区域。而当火灾发生在某一车门附近以致该车门无法正常使用时，该节车厢人员的疏散只能利用此车厢的另一车门，或是借助其他车厢的车门，此时乘客的疏散距离最大。因此可以判断，对于单节车厢而言，着火点在车门附近是最为不利的情况。

整个列车不同位置起火过程更加复杂，可通过模拟不同车厢端部着火时的人员疏散情况，研究不同着火位置对人员疏散的影响。

一辆 CRH380B 列车，共有 8 节车厢，如图 5-2 所示。因为列车左右对称，所以只考虑 $1^{\#}\sim 4^{\#}$ 车厢着火的情况。数值仿真时分别将 $1^{\#}$ 车厢左侧门（$11^{\#}$门）、$2^{\#}$ 车厢右侧门（$01^{\#}$门）、$3^{\#}$ 车厢右侧门（$03^{\#}$门）及 $4^{\#}$ 车厢右侧门（$04^{\#}$门）关闭，仿真计算结果如表

5-3 所示。

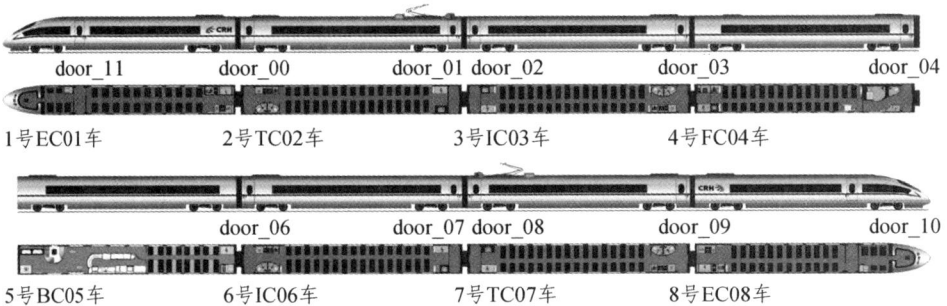

图 5-2　车厢、车门位置简要示意图

表 5-3　各车厢疏散结果

着火情况	车厢人数/人	受影响较大车厢	受影响车门	车厢疏散时间/s
未着火	556	无	无	65.0
第一车厢	35	二	00	65.8
第二车厢	85	一、二	01	126.0
第三车厢	85	二、四	02	114.8
第四车厢	75	三、五	03	100.5

由表 5-3 可知，火源位置不同对于人员疏散时间是有影响的，列车端部起火，火灾向单方向蔓延，对于人员疏散的影响相对较小。第一车厢着火时，即列车端部着火时，第一车厢定员人数为 35 人，人员全部疏散至车厢外的时间为 65.8 s，人员疏散方向一定，因此对人员安全疏散影响不大；第二车厢中部起火时，人员疏散时间为 126.0 s，第二车厢人员主要通过前门（00#门）进行疏散，且人群在着火位置即第二、三车厢连接处出现明显阻塞现象，加大了疏散难度；第二车厢和第三车厢定员人数相同，第三车厢着火时人员疏散时间小于第二车厢着火时人员疏散下车时间。第四车厢的定员人数少于第三车厢的定员人数，人员疏散至列车外部时间小于第三车厢着火人员疏散时间。因此，通过仿真

结果可知,第二车厢着火全部人员疏散至车厢外所需时间更长,为最不利工况。

5.4.2 站台尺寸

5.4.2.1 站台宽度

高速列车停靠的站台宽度,已有相关规定。我国普通铁路站台的最小建筑限界宽度为 1.75 m;有高速列车通过的站台,不小于 3.0 m,困难情况下,中小型站台宽不小于 2.5 m,特殊情况下,不应小于 2.0 m。

平安隧道通行列车既包括高速列车,也包括普速列车,综合考虑不同车型人员安全疏散情况,可以通过对站台宽度尺寸 2.00 m、2.25 m、2.30 m、2.35 m、2.50 m、2.75 m 及 3.00 m 对人员安全疏散影响进行分析。假设人员参数与环境参数保持不变,分析不同站台宽度对人员疏散的影响,如图 5-3 所示。

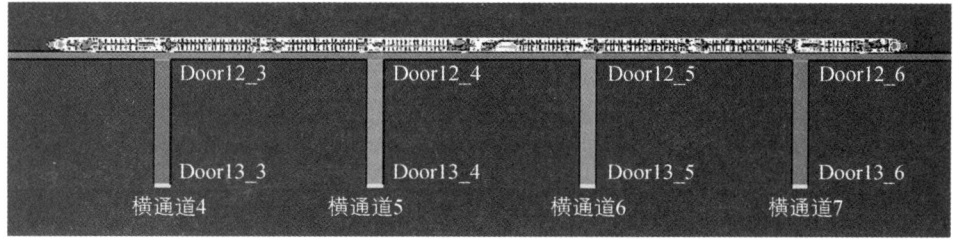

图 5-3 站台疏散示意

站台宽度对于疏散的具体影响如表 5-4 所示。各处所需的疏散时间如图 5-4 所示。

表 5-4 不同站台宽度下的疏散时间

站台宽度/m	车厢疏散时间/s	站台疏散时间/s	总疏散时间/s
2.00	88.1	84.6	120.0
2.25	89.1	91.0	124.8

续表

站台宽度/m	车厢疏散时间/s	站台疏散时间/s	总疏散时间/s
2.30	85.1	86.7	119.3
2.35	87.9	89.6	122.5
2.50	87.3	89.5	123.0
2.75	87.7	89.9	123.0
3.00	87.7	90.5	121.3

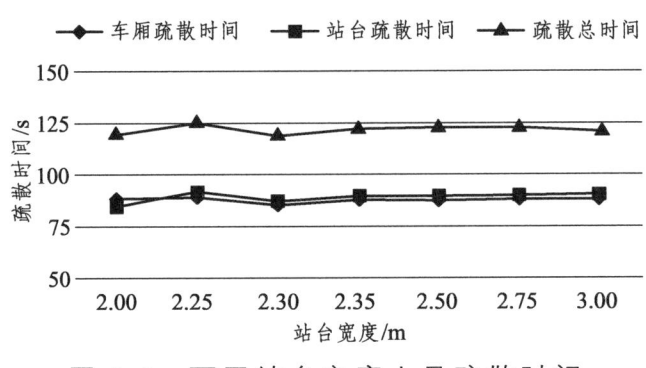

图 5-4 不同站台宽度人员疏散时间

由图 5-4 及表 5-4 可知，随着站台宽度的增加，人员疏散时间是一个持续变化的过程，当站台宽度由 2.00 m 增加到 2.25 m 时，主要影响的是站台疏散时间，人员疏散时间从 120 s 增加到 124.8 s，人员疏散时间并没有缩短，更大的空间投入不能得到回报；当站台宽度增加到 2.30 m 时，人员疏散总时间达到所研究参数中的最低值，为最有利疏散条件，站台尺寸为 2.30 m 时，车厢疏散时间同时也达到最低的 85.1 s，人员能够在最短时间内疏散至车厢外，远离火灾源，减少人员安全财产损失；在站台宽度的持续增加中，人员疏散时间反而增大，增加了空间投入，但是并没有达到安全疏散的目标，安全价值过低；站台宽度从 2.75 m 增加到 3.00 m 时，人员疏散时间有所减少，主要是因为站台宽度的增加，使其局部形成单房间疏散模式，因此在一定程度上对于疏散过程有所促进，考虑列车运行及隧道的实际情况，一般不予采取。因此，在站台宽度的设定中，2.30 m 最为适合人员疏散。

5.4.2.2 站台高度

旅客站台根据站台顶面与相邻线路轨顶的高差可分为低站台、中站台和高站台。一般来说：低站台高 0.3 m，比车厢底面低三个台阶；中站台高 0.5 m，比车厢底面低两个台阶；高站台高 1.1~1.25 m，站台面与车厢底面基本齐平。我国的 CRH_1 型高速列车采用的站台高度为 1.2 m，能保证旅客一步跨进或跨出列车。

为确保人员的迅速疏散，疏散站台应该采用高站台。站台面与车厢底面齐平，站台高度与线路上运行的列车型号相适应。

5.4.3 横通道尺寸

在横通道设置过程中，横通道的高度、宽度、数量及其间距的设定都有着严格的要求。横通道的尺寸直接影响着人员疏散的结果，横通道宽度和数量较少时，入口的堵塞情况相对严重，通道内人员通过率低，会严重影响人员疏散过程。在资料调研中，我们发现对横通道的高度作一定的规定，能使之达到人员疏散的高效化。

5.4.3.1 横通道高度

隧道内烟气流动方向与烟气进入横通道的方向垂直，隧道内的烟气主要通过热压进入横通道，动压对烟气进入横通道贡献不大。而横通道内的送风气流则依靠动压来抑制烟气的进入。由于热压沿高度方向逐渐增大，最有可能进入横通道的烟气位于门高度附近。根据热压与动压相等得出：

$$v_{\mathrm{CC}} = \sqrt{\frac{2kg}{3T_0}} H_\mathrm{d}^{3/2} \propto H_\mathrm{d}^{3/2} \qquad (5\text{-}3)$$

式中：v_{CC}——横通道临界风速，m/s；

k——与火灾热释放速率和纵向通风速度及隧道几何尺寸相关的参数；

g——重力加速度，m/s^2；

H_d——横通道高度，m。

由上式可看出，横通道高度是影响其临界风速的重要参数，高度增加所需要的对应的临界风速必然增加，而门宽对横通道临界风速几乎没有影响。因此救援站横通道高度应遵循在满足规范的前提下尽量小的原则设置。而且隧道与横通道的高度差具有挡烟梁的作用，因此适当增大救援站内隧道高度有利于横通道内环境控制。

5.4.3.2 横通道防护门宽度

救援站横通道是连接着火隧道和安全区域的通道，横通道内防护门宽度直接影响横通道人员疏散能力。从人员疏散角度考虑，横通道防护门越宽，越有利于人员疏散；但从防止高温烟气进入横通道角度考虑，横通道防护门越宽，通风量越大，且工程造价也越高。

横通道防护门宽度不能完全用于人员通行，有效宽度比实际宽度窄 0.3~0.4 m。若车厢内的人数为 p（人），单位出口宽度、单位时间通过的人数为 r[人/（m·s）]，出口宽度为 w（m），出口数为 n，则人员全部通过所必需的时间为：

$$t_1 = \frac{p}{r \times (w-0.3) \times n} \tag{5-4}$$

式中：r 为 1.2~1.5 人/（m·s）。

若出口宽度为 2 m，出口数为 4，待疏散人数为 667（CRH380B 满载并超员 20%），由式（5-4）可算出必需的疏散时间为 79~116 s。对于救援站横通道而言，横通道疏散能力需大于 16 人/s，即：

$$\frac{P}{t} = r \times (w-0.3) \times n \geq 16 \tag{5-5}$$

r 取 1.2 人/（m·s），则能够使人员不产生阻塞的横通道数量与宽度的关系为：

$$w \geq \frac{13.33}{n} + 0.3 \tag{5-6}$$

横通道间距取 50 m，则横通道数量为 11 个，根据上式得出横通道防护门宽度至少为 1.51 m，防护门宽度最小取 1.5 m。《铁路隧道防灾疏散救援工程设计规范》(TB 10020—2017)规定，紧急救援站的横通道与隧道连接处应设防护门，防护门宽度不应小于 1.7 m。平安隧道救援站横通道宽度为 4.0 m，其防护门宽度最大为 4.0 m。因此，本章选用 1.5 m、1.7 m、2.0 m、2.5 m、3.0 m、3.5 m 及 4.0 m 对防护门宽度影响人员安全疏散进行研究。

由图 5-5 及表 5-5 可知，人员疏散总时间随着防护门宽度的增加而逐渐递减，防护门宽度小于 1.7 m 时，防护门宽度增加，人员疏散时间显著减小；防护门宽度在 1.7～2.5 m 时，人员疏散总时间基本达到稳定，不随防护门宽度的增加而减少；防护门宽度大于 2.5 m 时，人员疏散总时间再次出现递减趋势；防护门宽度为 4.0 m 时，人员疏散总时间达到最小，为 120 s。

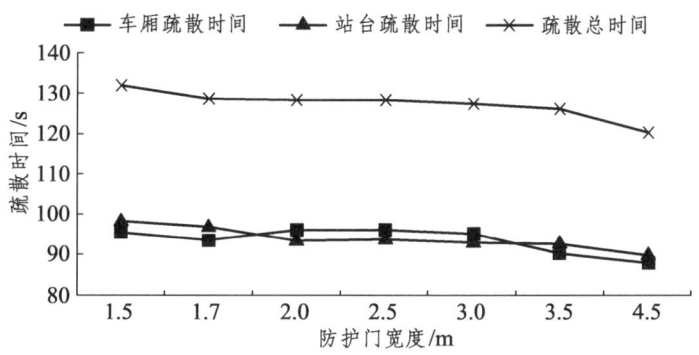

图 5-5　不同防护门宽度人员疏散时间

表 5-5　防护门宽度对疏散的影响

防护门宽度/m	车厢疏散时间/s	站台疏散时间/s	总疏散时间/s
1.5	95.4	98.2	131.8
1.7	93.5	96.8	128.5
2.0	96.1	93.4	128.3
2.5	96.0	93.7	128.3
3.0	95.2	92.9	127.3
3.5	90.3	92.6	126.0
4.0	88.1	90.0	120.0

站台疏散时间随着防护门宽度增加逐渐减小，防护门宽度较小时，疏散人群在横通道入口极易产生人群阻塞状态，横通道疏散能力不足，显著影响人员安全疏散总时间。车厢疏散时间在防护门宽度到达 2.0 m 后，随着防护门宽度增加而逐渐减小，防护门宽度小于 2.0 m 时，横通道入口存在阻塞现象，疏散人员疏散至车厢外后难以直接进入横通道进行进一步安全疏散，因此其车厢疏散时间较大。

因此，为最大限度保证人员安全疏散，防护门宽度不应小于 1.7 m，在条件允许范围内，应尽量增大防护门宽度，增强横通道疏散能力，减少必需安全疏散时间，保证人员安全疏散。

5.4.3.3　横通道间距

在横通道总疏散能力可以保证人员在入口不产生阻塞的前提下，总疏散时间的长短由横通道间距决定。人员下车后考虑最不利情况为走过两个横通道间长度的距离。

$$T = 11.83 + \frac{L}{0.4} \quad (5-7)$$

式中：T——人员疏散时间，s；

L——横通道间距，m。

由于人员疏散时间必须小于 360 s，因此横通道间距必须小于 93.60 m。实际情况中，列车发生火灾后，车厢内人员便向着火点两边疏散，相邻几节车厢人数增多，加之相邻车厢内旅客不能及时明确逃生转移方向，必然发生拥堵。综合考虑隧道的建设成本以及隧道内火灾的复杂因素，建议一般特长铁路隧道救援站内横通道的间距取 40~60 m[42]。

规范规定救援长度以 550 m 为宜，因此，本章研究以救援站长度为 550 m。救援站长度确定了，横通道的间距及个数也相应确定。在保持救援站长度不变的前提下，横通道间距的增加意味着横通道个数的减少，因此，本章以横通道间距为 45 m、50 m 及 55 m，对应横通道个数分别为 12 个、11 个及 10 个研究横通道间距对于人员安全疏散的具体影响。其计算结果如表 5-6 所示。

表 5-6 横通道间距对疏散的影响

横通道间距/m	车厢疏散时间/s	站台疏散时间/s	疏散总时间/s
40	81.8	91.4	116.0
45	81.5	87.1	115.0
50	88.1	84.6	120.0
55	93.0	96.5	124.0
60	93.1	96.7	124.4

横通道间距主要通过可利用横通道个数来影响人员安全疏散。横通道间距为 45 m 时，可用横通道为 6 个；横通道间距为 50 m 和 55 m 时，可用横通道为 4 个。横通道间距的利用情况直接影响人员安全疏散的过程，横通道间距足够小时，人员经过车厢疏散直接进入横通道，可避免在进入横通道时在疏散站台产生对人员安全疏散不利的现象，最大限度地减少对人员安全疏散的影响。

从表 5-6 可知，横通道间距大于 45 m 时，横通道防护门宽度等其他因素保持不变，人员疏散总时间随着横通道间距增大而增加。横通道间距过大，人员经过车厢疏散至站台，难以在较短时间内找到横通道入口，从而造成疏散过程的阻滞，影响整个疏散过程。

横通道间距为 40 m 时，其人员疏散时间为 116 s，大于横通道间距为 45 m 时的人员疏散时间，说明在横通道间距过小时，其容易造成出口前人群阻塞，不利于人员的安全疏散，其横通道间距与人员安全疏散时间并不是简单的负相关关系。在所研究的横通道间距中，横通道间距为 45 m 时，人员疏散总时间为 115.0 s，为最有利疏散工况。

5.4.4 停车位置

着火列车停靠在救援站后，着火车厢可能位于救援站的任意位置，当着火车厢正对某横通道时，受火灾高温辐射和烟气蔓延的影响，不能打开此横通道进行人员疏散，为最不利情况。若最不利情况下能够满足人员安全疏散准则，则所有工况均满足，人员能够安全进行疏散。因此取列车停留位置 1[着火车厢正对横通道 2（救援站端部）]、位置 2（着火车厢位于横通道 5、6 之间）、位置 3（着火车厢正对横通道 7（救援站中部横通道）三种工况进行研究分析，确定发生隧道火灾人员能否进行安全疏散，其中，位置 1 及位置 3 为不利工况。

在有烟气情况下，烟气对于人员的行走速度、心理以及判断能力有极大的影响。随着烟气浓度的增大，影响会更厉害。因此，火灾烟气的浓度改变了疏散人员的行走速度。根据文献[60,61]，人员在烟气条件下的疏散速度为 0.4~0.9 m/s。国内外研究者[60-63]在研究人员疏散速度时都是组织成年人进行试验，而没有考虑儿童、老人及行动不便的群体的疏散速度；因此，在计算中设定儿童的疏散速度时，应在成人疏散速度的基础上乘以折算系数 0.8。具体场景下人员疏散速度取值如表 5-7 所示。

表 5-7　不同烟气浓度下人员疏散速度取值

人员类型	疏散速度/（m·s^{-1}）	
	烟气浓度较大	烟气浓度较小
中青年	0.40	0.60
儿童	0.32	0.48

高速列车在隧道内发生火灾后，运行至救援站疏散人员，救援站内部烟气蔓延处于起始状态，其烟气浓度相对较小，因此，中青年疏散速度可取 0.60 m/s，儿童疏散速度取 0.48 m/s。

5.4.4.1　着火列车停靠位置 1

着火列车停靠位置 1（图 5-6）时，列车第三车厢着火，对应车门及正对横通道无法进行人员疏散，因此将第三车厢车门及横通道 2 入口设置成关闭状态（图 5-7），模拟人员疏散过程（图 5-8）。

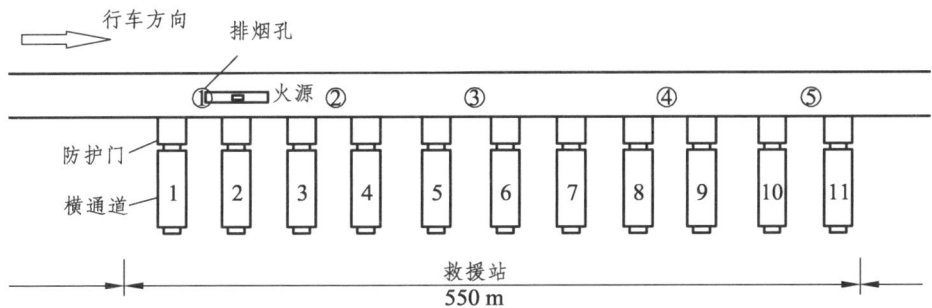

图 5-6 着火列车停靠位置 1

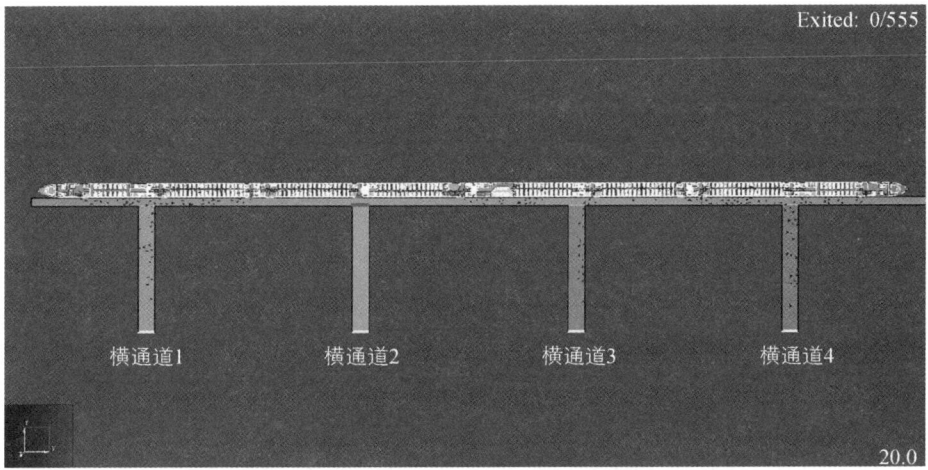

图 5-7 停靠位置 1 疏散模拟

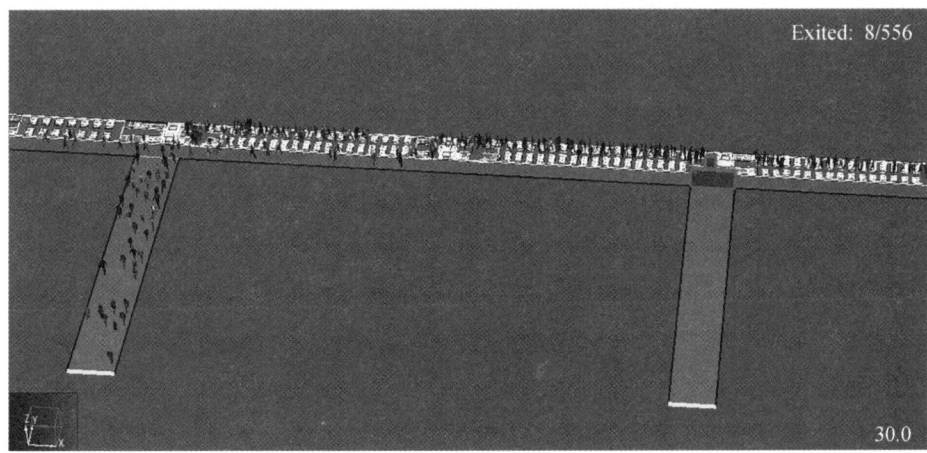

图 5-8 30 s 时人员疏散模拟

由图 5-9 得出结论：使用 Pathfinder 软件模拟救援站人员疏散过程，完成人员全部疏散的必需安全疏散时间 $RSET=1.1×185.5=204.05$ s<6 min，在可用安全疏散时间以内，列车人员可以全部进行安全疏散。

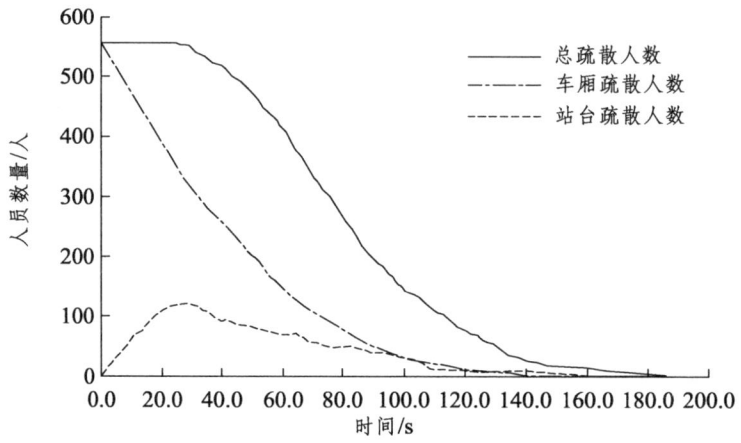

图 5-9　停靠位置 1 疏散时间（不考虑烟气影响）

由图 5-10 得，存在烟气影响过程，其人员安全疏散时间为 $RSET=1.1×298.0=327.8$ s<6 min，在可用安全疏散时间以内，列车人员可以全部进行安全疏散，疏散总时间较之未考虑烟气流动人员安全疏散时间增加 60.29%。

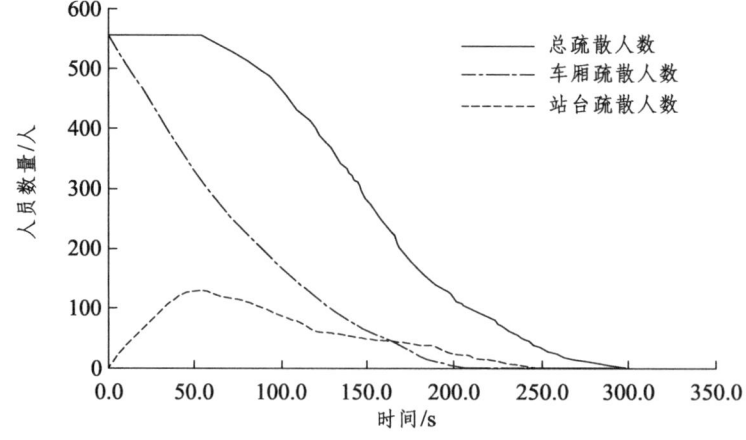

图 5-10　停靠位置 1 疏散时间（考虑烟气影响）

5.4.4.2 着火列车停靠位置 2

着火列车停靠位置 2 时（图 5-11），列车第三车厢着火，对应车门无法进行人员疏散，因此将第三车厢车门关闭（图 5-12），着火车厢位于横通道 5 及横通道 6 之间。

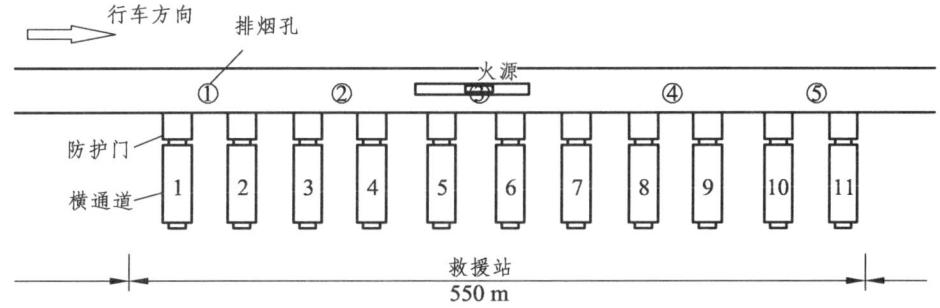

图 5-11 列车停靠位置 2 布局

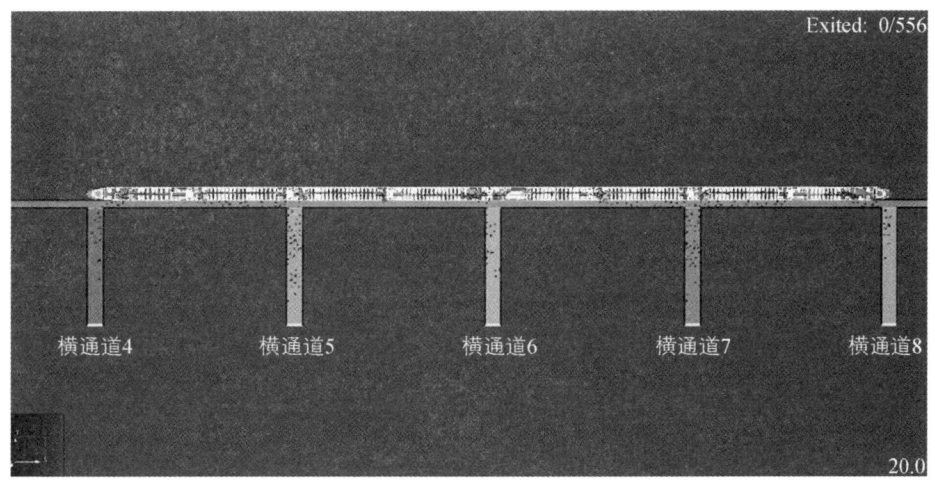

图 5-12 停靠位置 2 疏散模拟

由图 5-13 得出结论：使用 Pathfinder 软件模拟救援站人员疏散过程，完成人员全部疏散的必需安全疏散时间 $RSET$=1.1×165.5=182.05 s<6 min，在可用安全疏散时间以内，列车人员可以全部进行安全疏散。

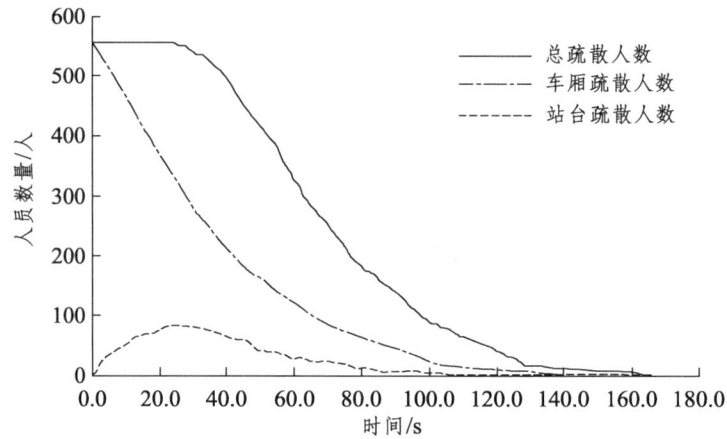

图 5-13 停靠位置 2 疏散时间（不考虑烟气影响）

存在烟气影响过程（图 5-14），其人员安全疏散时间为 $RSET=$ 1.1×264.3=290.73 s<6 min，在可用安全疏散时间以内，列车人员可以全部进行安全疏散，疏散总时间较之未考虑烟气流动人员安全疏散时间增加 59.70%。

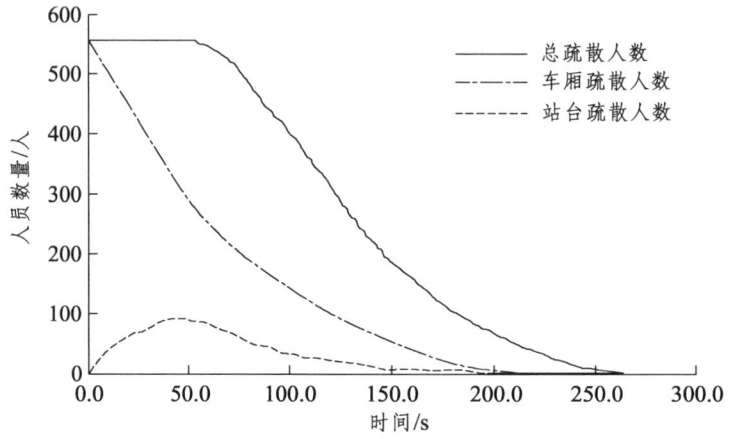

图 5-14 停靠位置 2 疏散时间（考虑烟气影响）

5.4.4.3 着火列车停靠位置 3

着火列车停靠位置 3 时（图 5-15），列车第三车厢着火，对应车门及正对横通道无法进行人员疏散，因此将第三车厢车门及横通道 7 入口设置成关闭状态（图 5-16），模拟人员疏散过程。

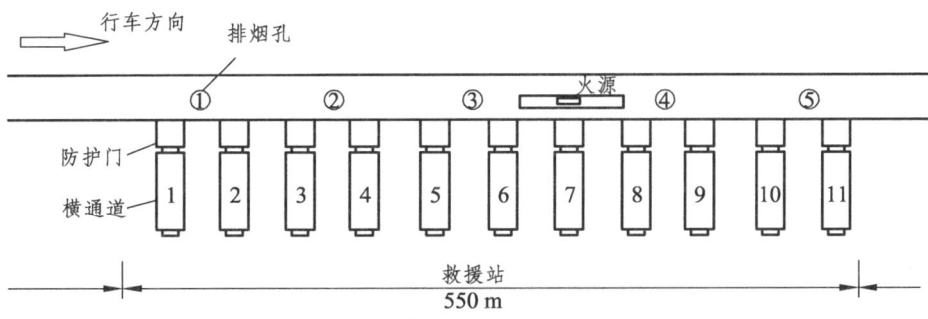

图 5-15　列车停靠位置 3 布局

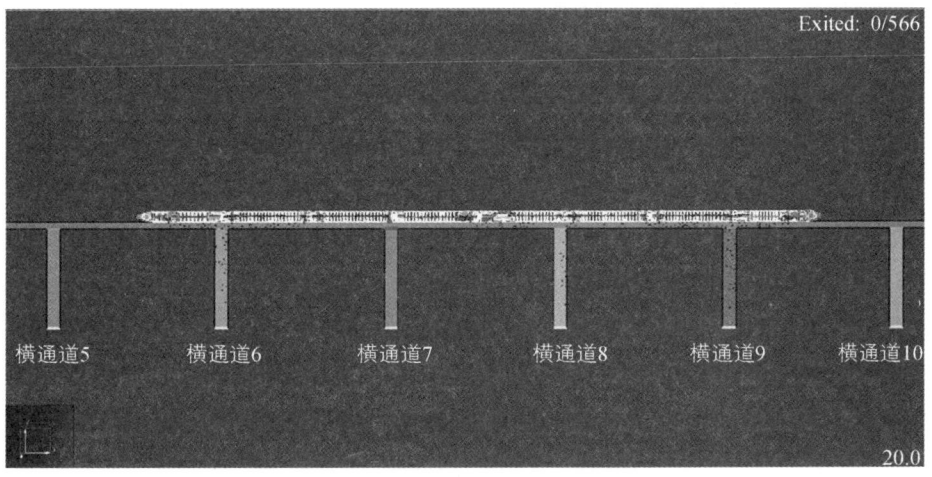

图 5-16　停靠位置 3 疏散模拟

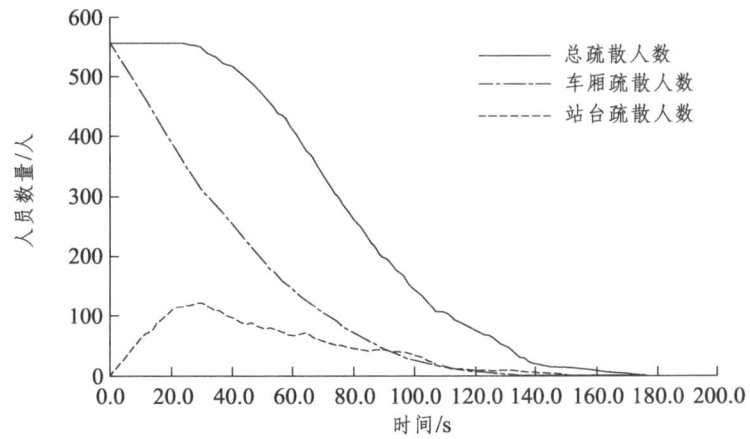

图 5-17　停靠位置 3 疏散时间（不考虑烟气影响）

由图 5-17 得出结论：使用 Pathfinder 软件模拟救援站人员疏散过程，完成人员全部疏散的必需安全疏散时间 $RSET=1.1\times175.8=193.38$ s<6 min，在可用安全疏散时间以内，列车人员可以全部进行安全疏散。

存在烟气影响过程（图 5-18），其人员安全疏散时间为 $RSET=1.1\times297.8=327.58$ s<6 min，在可用安全疏散时间以内，列车人员可以全部进行安全疏散，疏散总时间较之未考虑烟气流动人员安全疏散时间增加 69.39%。

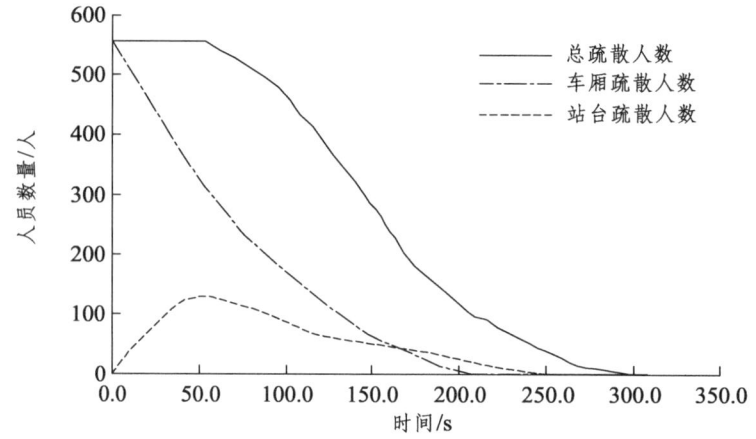

图 5-18　停靠位置 3 疏散时间（考虑烟气影响）

如表 5-8，列车停靠在位置 1 及位置 3 时，火源位置正对横通道，疏散过程中，相应横通道无法进行人员疏散，人员疏散总时间明显增大；在存在烟气影响状态下，人员疏散总时间分别为 327.80 s 及 327.58 s。列车停靠位置 2 时，火源位置介于横通道 5 及横通道 6 之间，疏散过程中，对应着火车厢相应车门无法进行疏散，横通道均可进行人员疏散，着火位置只是影响到人员车厢疏散时间，人员疏散总时间为 290.73 s。

在人员安全疏散过程中，烟气流动对人员安全疏散有着显著影响，增加了人员疏散难度。着火列车停靠位置 1 及位置 3 时，影响车厢人员安全疏散及横通道人员安全疏散，人员安全疏散总时间明显大于位置 2 人员安全疏散总时间；停靠位置 1 及位置 3 均为着火车厢正对横通道，存在烟气流动影响人员安全疏散时，两者疏散状况相近，但着火车厢正对救援站端部横通道时，即停靠位置 1 时，烟气对于人员安全疏散的影响明显小于着火车厢正对救援站中部横通道。

表 5-8 不用工况人员安全疏散对比

工况	火源位置	疏散时间/s		是否安全
		不考虑烟气影响	考虑烟气影响	
停靠位置 1	正对横通道 2	204.05	327.80	安全
停靠位置 2	横通道 5、6 之间	182.05	290.73	安全
停靠位置 3	正对横通道 7	193.38	327.58	安全

因此，列车停靠在位置 2 为最有利工况，在列车发生火灾进行人员疏散时，尽可能避免着火车厢正对横通道入口，减少横通道利用情况对于人员安全疏散的影响，最大限度减少人员必需安全疏散时间，保证人员生命财产安全。最不利工况下，人员必需安全疏散时间满足小于可用安全疏散时间，人员全部可以完成安全疏散，因此，平安隧道发生隧道火灾后，人员可以进行安全疏散。

5.4.5 烟气流动对疏散的影响

隧道火灾的特殊性使得烟气更不易探测。列车在隧道内发生火灾时通常处于运动状态，着火列车的继续运动使得高温烟气不易被隧道内的报警装置探测到，而隧道是狭长型空间，列车一旦在隧道内发生火灾，其火势比非隧道区段发展迅猛，迅猛的火势可能导致通信设施的失效，延误雾报警时间。同时，隧道内狭小的空间使得救援开展较为困难，若无法保证在有效时间内投入最大的人力物力进行救援，就会失去灭火和救援的最佳时机。

火灾烟气对于人员疏散的影响巨大，其气体成分与高温会直接导致人员伤亡，浓烟会降低疏散环境的能见度，并且加重人员恐惧心理，间接影响人员疏散。此外，隧道环境中的烟气积聚还可能引起轰燃，加重火灾的严重程度。隧道烟气流动对人员疏散的影响主要表现在以下几个方面。

5.4.5.1 有毒气体

隧道内封闭性较强，氧气稀薄，火灾发生时列车上各类装饰与电缆材料不能充分燃烧，而高速列车又采用了较多的有机高分子装饰材料，遇火易产生 CO、HCN、SO_2、H_2S 等有毒气体，还会产生固体颗粒物。因此，隧道内的列车发生火灾后会产生大量有毒有害烟气。有毒烟气的吸入可能造成人体生理机能的紊乱；而吸入含有烟灰粒子的高温烟气则可能引起逃生人员呼吸道或心肺器官的功能性障碍，造成人员伤亡。

5.4.5.2 烟气温度

烟气的高温也是造成人员伤亡的重要原因。根据相关数据，在空气温度升高至 100 °C 时，多数人只能忍受几分钟，通常而言，常人难以呼吸高达 65 °C 的空气。在高温的环境中，人可能会出现多种不适症状，如疲劳、脱水、灼伤等，这些症状都会影响人员疏散。

受隧道几何结构的影响，火灾产生的热量不易排除，热量积累导致隧道内烟气温度持续升高，尤其近火源场附近，一般 3 ~ 5 min 可使隧道内温度升至 1000 °C，不仅对人员生命安全产生伤害，还可能对隧道结构的稳定性和完整性构成严重的威胁。烟气在向外流动时温度会随之降低，但大部分区域的烟气温度仍是人体所不能承受的。

5.4.5.3 能见度

能见度是指在一定环境下人眼刚刚能看到某物体的最远距离，是影响火灾人员疏散的重要因素。能见度降低会削弱人们对疏散标志标识的捕捉辨识能力，加重逃生人员的恐惧心理，从而使得逃生和救援人员行动减缓。

火灾烟气中通常含有大量直径为几微米到几十微米的悬浮性含碳颗粒，虽然肉眼不可见，但其粒径超出可见光波长的两倍。在火灾环境下，这些颗粒会对可见光产生遮蔽作用，降低火场能见光度，影响人员疏散。同时，这些浓烟还会刺激人的眼睛，让人产生不适感，严重影响逃生人员寻找正确的疏散路径，导致开展人员疏散与救援工作的难度加大。

5.4.6 人的疏散心理及行为

高铁隧道火灾一旦发生，人的心理便迅速发生变化，不同的人背景不同、心理素质不同，产生的应激行为也不同。并且，行为反应特征还受很多种因素的影响，如对环境的熟悉程度、文化传统、风俗习惯、年龄、性别、健康状况、受教育情况和阅历等。因此，只有分析火灾事故中人的自身主体因素及异常行为、人群的行为特征，才能更好地把握人的因素对人员安全疏散的影响，从而保证整体人员疏散过程的高效有序。

5.4.6.1 主体因素对疏散的影响

（1）生理因素。

人员的生理特征不同，其疏散能力也就不同，主要体现在不同生理特征人员在不同设施处的平均速度不同，孔维伟等[68]通过对北京地铁实地调查统计得到行人的基本特征数据，如表5-9所示。

表5-9 不同生理特征行人在各设施处的走行速度（m/s）

年龄段	换乘通道	上楼梯	下楼梯	上坡	下坡	站台
中青年男性	1.39	0.75	0.95	1.23	1.66	1.56
中青年女性	1.22	0.66	0.83	1.03	1.50	1.41
儿童	1.31	0.64	1.27	1.43	1.43	1.27
老年人	1.06	0.6	1.36	1.41	1.41	1.15

（2）性别。

一般地，身处事故环境，男性在疏散过程中反应更迅速、主动、冲动、鲁莽，可能会主动灭火、疏散救人等，而女性则反应稍迟钝、被动、退缩、依附等。表 5-10 为 Bryan[69]对发生火灾时男女行为的第一反应差异的统计分析。

表 5-10　火灾中美国人第一行为反应的性别差异

第一反应	男性/%	女性	百分比差	标准误差	临界比率
寻找火源	14.90	6.30	8.60	2.51	3.43
帮家人逃生	3.40	11.00	7.60	2.22	3.42
撤离建筑	4.20	10.40	6.20	2.22	2.79
立即报警	6.10	11.40	5.30	2.41	2.10
穿上衣服	5.80	10.10	4.30	2.30	1.87
搜寻灭火器	6.90	2.80	4.10	1.77	2.31

（3）年龄。

年龄不同，人的感知、判断以及应对危险的反应则不同。儿童、少年以及老年人对紧急情况的感知较低，判断失误率相对较高；而青年人和中年人则能准确感知危险，并能根据经验迅速做出判断。此外，儿童与老人的行走速度相对缓慢，疏散过程中，易产生拥堵，发生踩踏。

（4）身体健康状况。

身体的障碍会直接影响其对突发事件的感知、判断与应对的能力，此外，行动不便的老弱病残孕，在逃离时为弱势群体，可能出现躲避人群可能造成的伤害而选择其他逃离措施。此外，城市生活的压力带来的额外工作量，以及自身的生活节奏使得身体和精神处于疲劳状态，此时，人的感知能力比平常要弱，判断易出差错，反应更加缓慢。而饮酒，特别是醉酒人群，大脑在酒精的作用下，出现麻痹现象，感知能力和判断能力急速下降，应急做出的反应要么迅速要么缓慢，易做出错误的行为。

（5）环境熟悉度。

人员对环境的熟悉程度对安全疏散的效率有着重要影响。人员一旦对环境较为熟悉，会在脑海中形成清晰的认知地图，有助于快速准确地找到逃生路径，同时进行自救与互救。因为他们对环境的熟悉会让人们的信心提高到一定程度，更倾向采取灭火措施等自救行动。熟悉程度的影响因素有个人体验、站内空间布局、环境复杂程度等。个人体验可分为直接体验和间接体验两种。前者来自自身对空间的直接感受；后者来源于标识、语音、宣传册、救援站立体示意图等。寻找行走路径的过程就是利用空间能力的过程。空间能力指人通过自己的感官感知环境、了解环境以及认知物体之间相互关系的能力，主要受经验、年龄、个性特征和文化的影响。

（6）人员所处状态及位置。

发生突发事故时，人员采取的疏散行动因其在车厢中所处位置的不同而不同。处于事故层的人员会遭到危险因素的直接影响，故该层的人员多数会立刻采取逃生行动；处于非事故层的人员则是间接感知事故的危险信息，对危险的感知缓慢，最初人员疏散的行为具有多样性，如整理自己的贵重物品、通知其他人、立刻疏散或对事故信息置之不理等。

列车行驶到救援站后，人员会观察火源位置、烟气集聚浓烈的位置，然后再向最近救援站入口逃生。

（7）社会角色。

个体在社会中担任的角色不同、其对某种信息的反应不同，做出的行动也不同。对人员行为的研究表明，面对危险时，人会坚持自己的角色。例如当酒店发生火灾时，酒店管理人员会坚持自己的角色职责，优先组织客人撤离。在突发事故时，由于人们对隧道救援站内环境的熟悉程度相对于列车工作人员较低，若列车工作人员根据自己角色责任引导人们疏散，则效果会好于标识系统等。

尽管站内工作人员能提供有效的引导信息，然而在疏散人群时，人们这种倾向于从自己熟悉使用的路径逃生的心理，会使得通道和消防出口疏散的效率降低，造成工作人员无法引导乘客安全疏散的现象。因此，需要通过安全疏散演习以及宣传隧道火灾时的逃生方法等手段来加强乘客和工作人员的联系和全民的安全意识，使得站内工作人员在乘客的积极配合下，更好更快地引导人群进行疏散。工作人员熟悉及演习、旅客熟悉救援站布置、救援站立体示意图应当是工作的重点。此外，当旅客结伴出行时，一旦发生突发事故，他们会首先相互告知，然后一起疏散。

5.4.6.2 人的恐慌心理及疏散行为规律

当发生火灾等突发事件时，人们对其刺激所表现出来的一种焦虑恐慌的心理状态为恐慌心理。这种焦虑是应激的条件反射，是人们对救援站内环境不熟悉、经验不足等原因造成的心理上的不安和行动力下降，被认为是非理性的。人们在未做好充分的心理准备的情况下发生突发事故，当乘客的恐惧心理引发的逃生行为受到环境的限制时，就会加剧其内心焦虑，导致惊慌心理的产生。研究人员 Fruin[70]对疏散行为进行了研究，引入了人员惊慌参数的概念，即表示疏散人员的惊慌程度。研究发现：人员速度与密度会受到惊慌参数的影响。当人员速度主要受到人员密度的影响时，惊慌参数取小值，当人员密度较小时，楼梯处人员疏散速度增快，可以通过增大惊慌参数来调节速度值；随着人员密度的增大，疏散受到前方人流的影响，惊慌参数对疏散速度的影响会减少。惊慌参数较大时，更易出现类似拐角处的人员堵塞等现象。

在恐慌的状态下，人的行为主要表现为心理的紧张、速度的变化等。因此，我们可以采用个人行为的波动、速度的变化及紧张程度来对恐慌进行定量分析。

（1）个人行为的波动大小。

当人群处于紧张状态时，其行为波动较大。行为波动状态可用下式表示[71]：

$$\eta_i = (1-n_i)\eta_0 + n_i\eta_{\max} \qquad (5\text{-}8)$$

式中：η_i——某人 i 的紧张程度的大小，$0 \leqslant \eta_i \leqslant 1$；

η_0——人的正常状态；

$\eta_{\max}$——人的最大波动状态。

（2）速度的变化。

人处于恐慌状态时，在时间 t 时刻的速度 $v_i^0(t)$ 可以表示为：

$$v_i^0(t) = [1 - n_i(t)]v_i^0(0) + n_i(t)v_i^{\max} \tag{5-9}$$

式中：$v_i^0(0)$——初始速度的大小；

$v_i^{\max}$——最大理想速度；

$n_i(t)$——t 时刻人的紧张程度大小。

（3）紧张程度。

在 t 时刻人的紧张程度大小可表示为：

$$n_i(t) = 1 - \frac{\bar{v}_i(t)}{v_i^0(t)} \tag{5-10}$$

式中：$\bar{v}_i(t)$——沿理想方向的平均速度大小。

5.4.6.3 人携带的行李

根据我国《铁路旅客运输规程》的规定，旅客每人免费携带品的质量是：儿童（含免费儿童）10 kg，其他旅客 20 kg，即我国高速客车允许旅客可以随身携带的行李须低于 20 kg。2005 年，西南交通大学成立的调查小组针对铁路旅客，展开了行李携带的问卷调查，调查问卷的内容包括旅客随身携带行李的数量和大小，托运行李的数量、大小和种类，乘客职业，出行目的，大件行李的运输方式等若干个问题。得出的相关结论是：铁路旅客平均携带行李为 15.6 kg。

行李不仅会加剧火灾的燃烧，产生烟气、热量，还会占用疏散通道，降低疏散效率。旅客行李属于车厢中的非固定火灾荷载，姚小林等[72]以 CRH_1 型动车组二等座车厢为例，得到了考虑旅客行李影响情况下的高速客车车厢火源热释放速率的合理取值范围，在车门与逃生车窗开启条件下，旅客人均携带 10 kg 和 20 kg

行李时,行李对车厢火源热释放速率的贡献值分别为 1.3 MW 和 3.8 MW,贡献率分别为 7%和 21%。陈长坤等[73]研究了紧急情况下行李对人员疏散的影响,得出结论:当人员荷载及人员行进速度不变时,疏散时间随行李携带人员比例的增大而增大,行李携带人员比例的增大,会使人员行进速度减小,进而会增大整体人员的疏散时间。张开冉等[74]研究了突发事件下行李类别对人员疏散的影响,得出结论:疏散携带拉杆箱的人员所需时间最长。

紧急情况下,部分行李由于体积较大,或不贵重,便被抛弃,转化为可移动障碍物阻碍通行。据调查,在发生紧急事件需要疏散时,69.16%的旅客会选择放弃行李携带进行逃生,其中有 5.03%的旅客会选择携带所有行李进行逃生。可见,在研究紧急情况下的人员疏散时,行李的携带对疏散行为及过程的影响不容忽视。

5.4.7 管理因素

在高铁隧道火灾事故中,管理原因或许不是事故发生的直接原因,但无论在事故发生前或火灾态势的不断恶化中,抑或是在人员疏散过程中,管理因素总是不可或缺的。规范、完备的安全管理是实现高铁运营安全的基础。管理上存在的缺陷、不足,虽不会直接导致火灾的发生,但却会加剧火灾的后果,形成人员疏散过程的障碍。管理因素既可以避免事故态势的进一步发展,也会促使事故后果的继续恶化,因而管理因素在整个事故过程中也占有十分重要的地位。

5.4.7.1 防灾救援体系

由于隧道内列车火灾具有发生概率小、后果严重的特点,管理单位应当建立隧道防灾救援体系,以期迅速灭火或减缓火灾蔓延趋势,降低火灾规模,为安全疏散赢得时间与空间。高铁隧道防灾救援体系设计应遵循"预防为主"的基本原则。

救援站内需具备预防火灾、控制火灾、服务应急疏散的能力。

其防灾救援系统可包括：火灾预防系统、探测与报警系统、消防灭火系统、通风系统、通信系统、供电系统、疏散救援系统和监控系统。这些系统是影响疏散效率的关键因素，从火灾发生、烟气报警到火灾控制，从疏散开始，救援站提供新鲜风、通信设备、电、标志标识等，监控设备为应急指挥提供实时现场状况，到疏散结束，各个系统是否正常运作都影响着应急疏散。只有各个防灾救援系统具备高可靠性，才能有效避免产生重大事故后果，降低疏散风险。

5.4.7.2 救援管理

我国铁路隧道尤其是高速铁路长大隧道建设正飞速发展，为更好地服务于大规模铁路隧道建设，保障铁路隧道运营安全，国家铁路局发布《铁路隧道防灾疏散救援工程设计规范》(TB 10020—2017)行业标准，自 2017 年 5 月 1 日起实施。本规范在 2012 版《铁路隧道防灾救援疏散工程设计规范》的基础上做了全面修订，修订后的规范适用于新建高速铁路、城际铁路以及客货共线铁路隧道防灾疏散救援工程设计。规范编制贯彻了国家安全生产有关的法律法规，准确把握了铁路隧道防灾疏散救援的要求，强化了安全疏散、节约资源等技术要求，并结合我国国情、经济发展水平、环境条件等因素，完善了疏散救援工程设施的设计标准及相关设备配套要求，建立了火风压、排烟、人员疏散时间等计算方法，明确了疏散廊道、竖井式紧急出口、避难所结构等设计参数，补充了通风设计、人员疏散、机电设施、救援设计等内容，进一步提升了规范的科学性和经济合理性。

在高铁安全立法缺失的同时，由于运营和管理维护机构相互之间业务指挥权不是十分明确，无法发挥网络协调的作用，一旦发生事故，高铁这部大联动机就会因运营与维修联动不畅，加重事故损失。为确保高铁系统长周期地正常运行，应设立专门的安全管理机构，配备足够的专职、兼职安全管理人员。管理人员应分工明确、职责清晰，并经过安全培训取得相应的执业资格。

对高铁列车及其隧道开展经常性的消防安全检查，是消除火灾事故隐患、强化安全管理的重要手段。然而，为最大限度地方便乘客，高铁持续运营时间很长，工作人员管理力量相对较弱，因而容易滋生事故。

　　由于高铁运营的不间断性，火灾事故紧急疏散演习十分困难。在正常运营时间进行演练可能会引起群众恐慌，造成不良影响，因此无法做到消防模拟演练的真实性。由于其地理环境及其自身的局限性，高铁安全应急管理存在着一定的难度，从而影响火灾事故发生后的人员疏散工作。

参考文献

[1] ZHAO YONG, TIAN SIMING. Statistics of Railway Tunnels in China as of 2017=截至 2017 年底中国铁路隧道情况统计[J]. 隧道建设，2018，38（3）：506-513.

[2] 西南交通大学. 长大隧道及特殊环境防灾安全技术：长大及大规模隧道群的防灾救援技术总报告[R]. 成都：西南交通大学，2015.

[3] 寇鼎涛. 铁路隧道火灾特性及火灾原因分析[J]. 隧道建设，2005，25（1）：72-75.

[4] 张念. 高海拔特长铁路隧道火灾燃烧特性与安全疏散研究[D]. 北京：北京交通大学，2012.

[5] 中国铁路经济规划研究院. 铁路隧道防灾疏散救援工程设计规范：TB 10020—2017[S]. 北京：中国铁道出版社，2017.

[6] BABRAUSKAS V, PEACOCK R D. Heat Release Rate: The Single Most Important Variable in Fire Hazard [J]. Fire Safety Journal, 1992, 18(3): 255-272.

[7] 吴金永. 紧急救援站发展现状及趋势分析[C]//公安部科技信息化局，公安部天津消防研究所. 2015 消防工程技术国际学术研讨会论文集. 公安部科技信息化局，公安部天津消防研究所，2015：9.

[8] 沈浩，毕海权. 基于纵向通风的铁路隧道救援站横通道设置研究[J]. 制冷与空调（四川），2014，28（03）：281-285.

[9] Public Works Research Institute(PWRI). State of the Road Tunnel Equipment Technology in Japan-Ventilation, Lighting, Safety Equipment. Technical note, 1993(61).

[10] LUCHIAN S F, BENDELIUS A G. West Virgina Memorial Tunnel Fire Test Program[C]. International Conference on Fires in Tunnel, 1994.

[11] INGASON H, GUSTAVSON S, DAHLBERG M. Heat Release Rate Measurements in Tunnel Fires [J]. Combustion & Flame, 1994, 144(S1–2): 1-16.

[12] MICHEL PERARD, BRUNO BROUSSE. Full size tests before opening Two French Tunnels[C]//8th International Symposium on Aerodynamics and Ventilation of Vehicle. England, 1993: 383-408.

[13] 胡隆华. 隧道火灾烟气蔓延的热物理特性研究[D]. 合肥: 中国科学技术大学, 2006.

[14] THOMAS P H, WEBSTER C T, RAFTERY M M. Some Experiments on Buoyant Diffusion Flames[J]. Combustion & Flame, 1961, 5(61): 359-367.

[15] RIESS I, BETTELINI M, BRANDT R. Sprint: A Design Tool for Fire Ventilation[C]// Conf. Aerodynamics and Ventilation of Vehicle Tunnels. 2000.

[16] ROH J S, YANG S S, HONG S R, et al. An Experimental Study on the Effect of Ventilation Velocity on Burning Rate in Tunnel Fires: Heptane Pool Fire Case[J]. Building & Environment, 2008, 43(7): 1225-1231.

[17] DIDIER LACROIX, PATRICK CHASSE. Small Scale Study of Smoke Trap Door Systems[C]// 8th International Symposium on Aerodynamics and Ventilation of Vehicle. England, 1993: 409-438.

[18] THOMAS P H. The Movement of Buoyant Fluid Against a Stream and the Venting of Underground Fires[J]. Fire Safety Science, 1958.

[19] THOMAS P H. The Movement of Smoke in Horizontal Passages

Against an Air Flow [J]. Bmc Public Health, 1968, 14(1): 1-8.

[20] DANZIGER, N H. Longitudinal Ventilation Analysis for the Glenwood Canyon Tunnels [C].//4th International Symposium on Aerodynamics and Ventilation of Vehicle Tunnels, 1982.

[21] BETTIS R J, JAGGER, WU Y. Interim Validation of Tunnel Fire Consequence Models: Summary of Phase 2 Tests[R]. The Health and Safety Laboratory Report IR/L/FR/93/11, The Health and Safety Executive, UK, 1993.

[22] BETTIS R J, JAGGER SF, MACMILLAN AJR, et al. Interim Validation of Tunnel Fire Consequence Models: Summary of Phase 1 Tests[R]. The Health and Safety Laboratory Report IR/L/FR/94/2, The Health and Safety Executive, UK, 1994.

[23] OKA Y, ATKINSON G T. Control of Smoke Flow in Tunnel fires[J]. Fire Safety Journal, 1995, 25(4): 305-322.

[24] WU Y, BAKAR M Z A. Control of Smoke Flow in Tunnel Fires Using Longitudinal Ventilation Systems: A Study of the Critical Velocity[J]. Fire Safety Journal, 2000, 35(4): 363-390.

[25] 陈霖. 地铁隧道着火列车继续运行条件下的烟气特性研究[D]. 成都：西南交通大学，2016.

[26] 周延，王德明，周福宝. 水平巷道火灾中烟流逆流层长度的实验研究[J]. 中国矿业大学学报，2001，30（5）：446-448.

[27] CORDIER H. Simulation numerique de l'interaction en milieu confine d'un ecoulement de convection force avec panache thermique: application a la ventilation de tunnels routiers en cas d'incendie[D]. These de l'Universite d'Aix-Marseille Ⅱ-IRPHE, 1999.

[28] 周庆，倪天晓，彭锦志，等. 隧道火灾烟气回流与临界风速模型试验[J]. 消防科学与技术，2011，30（7）：580-583.

[29] 李颖臻. 含救援站特长隧道火灾特性及烟气控制研究[D]. 成都：西南交通大学，2010.

[30] DRYSDALE D D, MACMILLAN A J R, SHILITTO D. The King's Cross fire: Experimental Verification of the "Trench effect"[J]. Fire Safety Journal, 1992, 18(1): 75-82.

[31] 赵明桥. 地下铁道火灾烟气分区控制及人员疏散模式研究[D]. 长沙：中南大学，2010.

[32] 李湘蕾. 地铁列车运动体火灾特性研究[D]. 北京：北京交通大学，2011.

[33] 吴显超. 地铁隧道中活塞风对防排烟系统的影响研究[D]. 沈阳：沈阳航空航天大学，2013.

[34] WOODBURN P J, BRITTER R E. CFD simulations of a Tunnel Fire: Part I [J]. Fire Safety Journal, 1996, 26(1): 35-62.

[35] WOODBURN P J, Britter R E. CFD Simulations of a Tunnel Fire: Part II [J]. Fire Safety Journal, 1996, 26(1): 63-90.

[36] 张会冰. 不同壁面边界条件对隧道火灾模拟结果的影响[D]. 成都：西南交通大学，2007.

[37] GAO P Z, LIU S L, CHOW W K, et al. Large Eddy Simulations for Studying Tunnel Smoke Ventilation[J]. Tunnelling & Underground Space Technology, 2004, 19(6): 577-586.

[38] 康恒. 重载铁路隧道火灾特征试验及数值模拟研究[D]. 长沙：中南大学，2014.

[39] MARK P D, MICLEA P C, MCKINNEY D. CFD Modeling Considerations for Train Fires in Underground Subway Stations [J]. American Society of Mechanical Engineers, Fluids Engineering Division, 1996, 238(3): 547-555.

[40] COLINO MP. Tunnel Emergency Egress And The Mid-Train Fire[J]. Ashrae Transactions, 2006.

[41] ATOC: Vehicle Interiors Design for Evacuation and Fire Safety: Issue one AV/ST9002[D]. London: Association of Train Operating Companies(ATOC)by Railway Safety, 2002.

[42] 茅为中，张念. 铁路隧道火灾预防及救援探讨[J]. 隧道建设，

2010，1：20-23.

[43] 邱吉，唐裙．浅谈浏阳河隧道内防灾与救援通信系统的设计[J]．铁道勘测与设计，2010，02：14-18.

[44] DANIEL NILSSON, MARIA JOHANSSON, HAKAN FRANTZICH. Evacuation Experiment in a Road Tunnel: A Study of Human Behaviour and Technical Installations[J]. Fire Safety Journal, 2009, 44(4): 458-468.

[45] 杨高尚，彭立敏，彭建国，等．隧道火灾安全疏散模拟[J]．自然灾害学报，2008，17（3）：49-55.

[46] 丁良平．高速铁路长大隧道列车火灾安全疏散研究[D]．上海：同济大学，2008.

[47] 杜璐露．高速列车人员疏散研究[D]．成都：西南交通大学，2012.

[48] 谢雄耀，丁良平，李永盛．高速铁路隧道火灾列车继续运行疏散模式CFD分析[J]．同济大学学报（自然科学版），2010，38（12）：1746-1752.

[49] HELBING D, MOLNAR P. Social Force Model for Pedestrian Dynamics[J]. Physical Review E, 1995, 51(5): 4282-4286.

[50] 王振，刘茂．人群疏散的动力学特征及疏散通道堵塞的恢复[J]．自然科学进展，2008，18（2）：179-185.

[51] TOFFOLI T, MARGOLUS N. The Margolus Neighborhood[C]. MIT Press, 1987: 119-138.

[52] 宋卫国，于彦飞，范维澄，等．一种考虑摩擦与排斥的人员疏散元胞自动机模型[J]．中国科学：技术科学，2005，35（7）：725-736.

[53] HURLEY M J, GOTTUK D T, JR J R H, et al. SFPE Handbook of Fire Protection Engineering[J]. Industrial Safety & Environmental Protection, 2016, 29: 487-500.

[54] DINENNO P J. Engineering Applications of Computer Fire Models[J]. Fire Safety Journal, 1985, 9(1): 89-101.

[55] 公安部. 建筑设计防火规范: GB 50016—2014 [S]. 北京: 中国计划出版社, 2014.

[56] 徐旭常, 周力行. 燃烧技术手册(精)[M]. 北京: 化学工业出版社, 2008.

[57] MCCAFFREY J G, PARNIS J M, OZIN G A. Photophysics of Atomic Magnesium Isolated in Solid Methane and Perdeuteromethane. Ⅲ. Evidence for a Kinetic Isotope Effect in the Competitive Process of Atomic Magnesium Insertion into a C–H Bond[J]. Journal of Chemical Physics, 1988, 89(4): 1858-1866.

[58] 王建鸣. 朗伯-比耳定律的物理意义及其计算方法的探讨[J]. 高等继续教育学报, 2000(3): 32-33.

[59] 范维澄. 火灾学简明教程[M]. 合肥: 中国科学技术大学出版社, 1995.

[60] 陈国庆, 袁新彦, 吴杰. 火灾烟气毒害分析[J]. 中华全科医学, 2004, 2(4): 353-354.

[61] 室内空气质量标准: GB 18883—2002[S]. 中国标准出版社, 2002.

[62] 李立明. 隧道火灾烟气的温度特征与纵向通风控制研究[D]. 合肥: 中国科学技术大学, 2012.

[63] HESKESTAD, G. Fire Plumes: SFPE Handbook of Fire Protection Engineering[M]. 3rd ed. National Fire Protection Association, Quincy, MA, 2002.

[64] DELICHATSIOS M A. Flow of Fire Gases Under a Beamed Ceiling [J]. Combustion & Flame, 1981, 43: 1-10.

[65] 张吉光, 史自强, 崔红社. 高层建筑和地下建筑通风与防排烟[M]. 北京: 中国建筑工业出版社, 2005.

[66] 张泽江. 公路隧道消防[M]. 成都: 西南交通大学出版社, 2014.

[67] LI Y Z, LEI B, INGASON H. Study of Critical Velocity and Backlayering Length in Longitudinally Ventilated Tunnel

Fires [J]. Fire Safety Journal, 2010, 45(6): 361-370.

[68] 孔维伟，刘栋栋. 北京复兴门地铁火灾时人员安全疏散研究[J]. 北京建筑工程学院学报，2009，25（4）：29-32.

[69] BRYAN J L. Human Behaviour in Fire: The Development and Maturity of a Scholarly Study Area[J]. Fire and Materials, 1999, 23(6): 249-253.

[70] FRUIN J J. Pedestrian Planning and Design[J]. New York: Elevator World, 1971.

[71] HELBING D, et al. Simulation of Pedestrian Crows in Normal and Evacuation Situations[J]. Pedestrian and Evacuation Dynamics, 2002: 21-58

[72] 姚小林，陈俊敏. 旅客行李对高速客车车厢火源热释放速率的影响研究[J]. 中国安全生产科学技术，2014，10(2)：52-56.

[73] 陈长坤，王楠楠，席冰花. 行李携带人员疏散元胞自动机模型研究[J]. 中国安全科学学报，2014，24（7）：3-9.

[74] 张开冉，杨树鹏，何琳希，等. 基于社会力模型的车站负重人群疏散模拟研究[J]. 中国安全科学学报，2017，27（1）：30-35.